La Dame aux Pierres

Édition : BoD – Books on Demand, info@bod.fr

Impression : BoD – Books on Demand, In de Tarpen 42, Norderstedt
(Allemagne)

Impression à la demande

Crédit photos : "Vainou Artiste"

ISBN : 978-2-3225-3927-7

Dépôt légal : Juin 2024

« *Chaque homme dans la nuit s'en va vers sa lumière.* »

Victor Hugo

« *Voir le monde dans un grain de sable*

Et le ciel dans une fleur sauvage,

Tenir l'Infini dans la paume de la main

Et l'éternité dans l'heure qui vient. »

William Blake

PRÉFACE

Refermer un livre. Avoir, au fil des mots, déambulé un chemin de vie. Avoir accompagné un itinéraire… Il y a les livres que l'on aime, dont on a tourné les pages avec plaisir et impatience et puis, ils se referment, on les pose sur une étagère, ils prennent la poussière, on les oublie un peu. On ne garde d'eux qu'un écho, un reflet. Mais il y a les autres ; ceux qui sont de chair, ceux dont la lumière continue de nous éclairer bien après qu'ils se soient clos. Le livre de Catherine est de ceux-ci. Il est de cette peau, il est de cette essence. Oui, un chemin de vie, un chemin de croissance spirituelle, un chemin d'étude, d'agrandissement de soi-même. Catherine est une Dame aux Pierres, une Dame aux Pierres jusqu'au bout des ongles. Mais, elle aurait pu être une Dame aux Étoiles, une Dame aux Runes, une Dame aux Herbes… La quête insatiable de sens. Sens de l'existence, sens de soi. Sens de soi au service des autres, au service de l'Univers. Et, avec tant d'humilité, tant d'humour, tant de finesse. Avec un talent de l'anecdote, un œil affûté pour les personnages, les situations. Si le livre n'est jamais didactique, il aiguise la curiosité, ouvre des portes, bouscule les certitudes, nous interroge. C'est aussi un livre apaisant, pour ceux et celles qui ont toujours senti que le monde était plus grand que le « visible », et qui doutaient de leurs perceptions et de leur santé mentale. On n'y cherche pas de recettes, de prêt à penser ; on y trouve un encouragement à toujours aller voir plus loin que le bout de son nez... en suivant une allée de pierres, ou une autre allée, qu'importe. Nehru écrivait, dans une aspiration à la tolérance religieuse : « Ce qui importe, c'est Dieu, ce ne sont pas les chemins qui mènent à lui ». Ce qui importe à Catherine, c'est le sens, la lumière, la santé et elle a choisi la Voie des Pierres. Une invite à la suivre ou une invite à dessiner votre propre voie.

Sylvaine D.B. - Beauvais, mai 2023

INTRODUCTION

Pourquoi n'écrivez-vous pas un livre Catherine ? Cette question m'a été posée à maintes reprises tout le temps de mon activité.

Je m'y étais essayée par le passé. Pour de multiples raisons, trop longues à développer ici, j'avais abandonné l'idée.

La Lithothérapie m'a accompagnée durant trente-trois ans, mais je ne ressentais pas le besoin ni ne voyais l'utilité de me lancer dans la rédaction d'un énième livre sur cette pratique. Mais c'est vrai que je ne comprenais pas trop moi-même pourquoi.

Et puis, il y en a tant sur le marché, de très bons comme de moins bons, encore plus aujourd'hui. Bienheureux celui qui peut s'y retrouver ! Mais après tout, cela fait peut-être partie du programme du chercheur actuel !

Ces dernières années, j'ai reçu à mon cabinet des personnes adultes ou enfants en proie à des ressentis qu'elles qualifiaient d'étranges, dérangeants voire terrifiants pour elles comme pour leur entourage et qui les menaient souvent à un repli douloureux sur elles-mêmes. Elles ne savaient pas vers qui se tourner, la peur chevillée au ventre.

Ces personnes me demandaient de les aider à comprendre ce qui leur arrivait. Elles souffraient et elles se sentaient comme étrangères sur Terre.

D'autres avaient déjà fait du chemin, avaient travaillé sur elles avec l'aide d'autres thérapeutes. Elles me rencontraient pour que je les aide à devenir à leur tour praticiens en énergétique, afin de mettre ce qu'elles appelaient « leur don » au service des autres.

Je pouvais anticiper leur vécu car j'entrais dans les détails des expériences qu'elles vivaient. Je leur apprenais à discerner les différents processus des "mondes dits parallèles" pour reprendre l'expression populaire, parce que j'étais bien placée pour savoir de quoi elles parlaient.

Elles se sentaient entendues, comprises, éclairées et soulagées de ne pas être folles.

Avec ces rencontres, puisque les personnes cherchaient un sens à ce qu'elles vivaient, je me disais qu'il serait utile de leur donner un support écrit pour ne pas en rester qu'aux paroles et conseils échangés.

Elles pourraient s'y référer pour vérifier leur vécu, pour y trouver un fil rouge, pour construire leur future activité ou plus simplement se rappeler que ce qu'elles vivaient, d'autres aussi le vivaient, bien plus nombreux qu'il n'y paraît, puisque tous les humains sont des êtres issus de l'énergie. Elles n'étaient pas seules.

Le plus important à mes yeux, était de leur faire comprendre que tout ce qu'elles vivaient s'inscrivait, dans le concret, sur leur chemin de vie spirituelle sur terre.

Ainsi mon accompagnement dans leur cheminement avait pour but de les conduire à la rencontre d'elles-mêmes, afin que tout prenne et fasse sens, ici et maintenant.

En deux mille dix neuf, année de mes soixante ans, j'ai su un matin que mon parcours professionnel allait bientôt se boucler.

Puis la pandémie est arrivée. Comme tout un chacun, je me suis retrouvée cloîtrée chez moi. Cette retraite forcée m'a permis de revenir à un rythme tranquille. J'ai vraiment apprécié. D'un autre côté, mon activité s'est retrouvée réduite à peau de chagrin. Je dois aussi bien reconnaître que, pour la première fois depuis toutes ces années, j'ai éprouvé une lassitude vis-à-vis de mon activité.

J'allais mettre à profit ce temps imposé pour me recentrer, revenir à mes priorités, reconnecter avec la méditation, me mettre à l'écoute quant à la suite de mon parcours professionnel et personnel.

L'envie d'écrire allait refaire surface. Comme à mon habitude, j'allais demander aux Lumineux de m'adresser un signe afin d'avoir confirmation. Les réponses ne se firent point attendre.

J'ai reçu ce rêve

Debout, face au miroir, je me regarde. Les pierres avec lesquelles j'ai travaillé durant toutes ces années, viennent, une à une se poser sur mon corps, en commençant par le cœur, formant un patchwork recouvrant et fusionnant avec lui puis tout mon corps et tout mon Être.

- Écris notre histoire.

Je me suis réveillée.

Et je me suis mise au travail en accouchant d'un premier jet.

A la première relecture, j'ai compris pourquoi il ne m'était pas utile d'écrire un ouvrage sur la Lithothérapie.

Le livre va bien au-delà de mon outil de travail. En retraçant mon parcours professionnel, je vous partage mon parcours de vie. Comme vous pourrez le constater, depuis ma naissance, je cherche à comprendre pourquoi je vis sur terre.

Les réponses, je les ai reçues et je continue à en recevoir par mon expérience vécue. Par ma pratique, oui, mais aussi et surtout par tout le travail, l'investissement dans lequel je suis engagée, à titre personnel ainsi qu'auprès des personnes accompagnées.

Je me suis trouvée. J'ai trouvé ma philosophie de vie : apprendre à conjuguer le verbe AIMER à tous les temps à chaque instant.

Les pierres sont mon canal de prédilection. Elles sont mon moyen d'incarnation dans le monde de l'énergie comme sur terre. C'est la langue que j'ai décidé de parler.

Mais j'aurais pu m'exprimer avec d'autres supports, comme les plantes. Je me souviens qu'à dix-huit ans, j'avais transformé mon garage en herboristerie. Tous les week-ends, j'allais avec un ami récolter des plantes en forêt que je m'empressais de transformer en décoction, macération ou tisane.

J'aurais pu aussi utiliser l'astrologie que j'ai étudiée à fond durant de longues années. J'ai, d'ailleurs, fait des études de thèmes astrologiques de personnes durant un temps.

Je me suis penchée sérieusement sur nombre de supports, toujours « poussée » par cette incommensurable envie de comprendre ma venue ici-bas.

Avec le règne minéral, j'ai trouvé mon moyen d'expression qui allait me permettre d'apporter - passez-moi l'expression, mais c'était trop tentant – « ma pierre » à l'édifice.

Nous sommes tous concernés par ce chemin d'Amour sur notre planète. Nous sommes tous à la recherche du bonheur ; ce bonheur qui se démultiplie lorsqu'il est partagé et ça, quelle que soit la couleur de l'Être.

Je possède un tableau dans mon cabinet qui reflète bien mes propos. Ce tableau, je l'ai acheté à un ami qui peint de la manière suivante. Il médite longuement avant, puis, pose sur la toile blanche des points de couleur reçus en méditation. Ensuite, il relie chaque point en fonction de sa guidance, lorsqu'il est à l'œuvre. Il ne sait jamais ce qui va émerger de son tableau, ce n'est que lorsque tous les points posés sont reliés qu'apparaît l'ensemble. Le résultat est d'une incroyable beauté. Nous sommes comme les points de ce tableau, tous reliés, nous formons et appartenons au TOUT.

Aujourd'hui, que j'utilise ou pas les minéraux, même si j'ai un profond et immense amour pour eux, n'a plus grande importance.

D'une part parce que mes pieds se posent tous les matins sur un énorme minéral qu'est Gaïa. Il suffit d'ouvrir mon cœur pour être en lien avec elle, d'en recevoir tous les bénéfices ; d'autre part, l'essentiel en ce qui me concerne est d'expérimenter, vivre et partager en conscience et de tout mon cœur, à chaque instant, le bonheur de vivre ici et de le transmettre, même si ce n'est pas simple tous les jours. D'où ce livre.

J'écris comme je suis. Ne soyez donc pas surpris à la lecture de ces lignes de ma manière d'exprimer mon vécu. Comme dit une amie j'ai une écriture arborescente. Le passé, le présent, le futur s'interpénètrent sans cesse, ils forment un tout, indissociable quant à mon parcours.

Le plus important, vous l'aurez compris, est que ce partage aille de mon cœur au vôtre.

Ce livre relate comment je suis devenue - La Dame aux Pierres – ainsi nommée par mes clients.

Ce fut un clin d'œil du destin

Tout a commencé en mille neuf cent quatre vingt dix, l'année de mes trente et un ans. J'étais mariée et maman d'une petite fille, j'allais voir un voyant pour la première fois. Sous l'impulsion de la mère de mon compagnon qui m'avait demandé de l'accompagner à son rendez-vous, j'avais décidé de consulter aussi.

Après tout pourquoi pas ? En toute franchise, j'y allais pour lui faire plaisir. Je n'avais aucune attente, même si à cette époque, je me traînais une forme de mal être récurrent. J'avais perdu mon père huit mois après la naissance de ma fille. Cela m'avait amenée à entamer une psychothérapie, tant l'annonce de sa mort m'avait laissée avec un sentiment de grand soulagement. Et moi, qui depuis toujours, percevais les défunts, je ne l'avais pas « entendu » quitter ce monde. Je me disais que ma réaction n'était pas normale. Par la suite, pourtant, j'allais voir mon père en rêve bien plus que je ne l'avais vu de son vivant ! Et c'est post mortem que nous allions réparer notre relation.

La dernière nuit où je l'ai vu - enfin je le croyais à ce moment-là - il m'a montré que nous nous étions rencontrés dans une autre vie, à l'époque des Incas. Déjà, à cette époque, cela ne s'était pas très bien passé. Il venait me demander pardon pour cette vie-ci et pour l'autre… Avant que le rêve ne s'achève, il m'a remis une montre toute désossée et m'a déclaré :

- À toi maintenant !

Je me suis réveillée. Qu'avait-il voulu me dire ? J'allais donc consulter ce voyant sans trop savoir pourquoi, même si j'étais habitée par ce rêve.

Quand je repense à ce moment, je me souviens d'un bureau miteux. J'avais en face de moi un homme d'une quarantaine d'années aux cheveux mi-longs, noirs et pas très soignés. Il m'a fait asseoir et m'a demandé ce qui m'amenait. Sans détour, je lui ai dit que je ne savais pas trop, que j'avais accompagné ma belle-mère.

- Soit, donnez-moi vos mains. Ce que j'ai fait.

J'étais comme dégoûtée. Ses ongles étaient très longs mais surtout noirs, à croire qu'il avait mis les mains dans le cambouis avant le rendez-vous. Mais, j'étais là. Alors, autant aller jusqu'au bout. Il a lu dans mes mains que j'allais avoir un autre enfant ; un garçon.

- Ah bah non ! lui ai-je rétorqué.

- Je viens d'accoucher il y a quelques mois et, compte tenu de ma situation conjugale, pas question d'avoir un autre enfant. Ah ça non !

- Peut-être ma p'tite dame, mais je persiste, vous aurez un autre enfant. C'est le désir de Monsieur.

Au fond de moi, je bouillais. Pas question. Je pensais depuis quelque temps que, si je devais me séparer, ce serait plus facile avec un enfant qu'avec deux. Et voilà que cet homme m'annonçait la venue d'un deuxième enfant. J'avais hâte que cette séance se termine.

- Tout ça pour ça !

Cet épisode s'était tenu un soir de novembre… En janvier mille neuf cent quatre vingt onze, j'étais enceinte de mon deuxième enfant, un garçon.

Ma vie à l'époque était bien chargée.

J'étais aide-soignante dans un hôpital pour personnes âgées. Les trente-cinq heures n'étaient pas encore un sujet. J'avais une petite fille de presque deux ans, j'étais enceinte et mon mari entamait sa troisième année de médecine à l'âge de quarante-trois ans. Cerise sur le gâteau, nous habitions une maison avec un immense terrain qu'il avait achetée et que nous retapions presque tous les week-ends. J'aimais travailler auprès des personnes âgées. Toutefois, le milieu professionnel où j'évoluais, l'ambiance et les mesquineries, m'étaient insupportables. Chaque fois que j'allais travailler, je me disais qu'il fallait que je me sorte de là.

J'aspirais à faire autre chose, oui mais quoi ?

Deux ans à peine s'étaient écoulés. Nous étions en juin mille neuf cent quatre - vingt- treize. J'ai accouché de mon troisième enfant ; un beau gros bébé de quatre kilos. Nous avions poursuivi la restauration de notre maison. Je travaillais toujours à l'hôpital tandis que notre couple essayait de survivre de tempête en tempête. D'un point de vue logistique, ma vie était très compliquée. Mon époux, pris par ses études, n'était pas disponible. Je me devais d'assurer toute l'intendance, y compris la mise bas des brebis qu'il avait eu la riche idée d'acheter. Il m'est arrivé d'allaiter mon petit dernier, puis de courir dans la nuit biberonner les petits agneaux repoussés par leur mère (qui étaient nés en même temps). Bien souvent, je me suis assoupie dans la paille. Par ailleurs, mon fils aîné ne faisait toujours pas ses nuits et mon petit dernier non plus. Épuisée, mon corps m'a lâchée. J'ai été obligée de m'arrêter un temps car je souffrais de douleurs aiguës dans les lombaires. Je passais la plupart de mes nuits debout parce que la position assise ou allongée m'était devenue insupportable.

J'ai consulté un médecin. Il m'a prescrit des anti-douleurs qui me soulageaient un temps. Mais, dès que j'arrêtais la prise de ce traitement, la douleur revenait. De traitements en traitements, toujours plus forts, avec les mêmes effets, mon système digestif s'est mis à faire des siennes. Je tournais en rond dans ma douleur. J'ai décidé de m'adresser à un acupuncteur. Cela m'a soulagée un temps. Mais, dès que j'arrêtais les séances, cette fichue douleur réapparaissait. Je n'en pouvais plus. Perplexe et réticente, j'envisageais, sur l'avis du médecin, une opération. Les problèmes de dos sont récurrents dans ma famille. Mon père en avait souffert, mes frères aussi. Un s'était d'ailleurs fait opérer à de nombreuses reprises sans résultat probant. Je devais trouver une solution, mais vers qui et quoi me tourner ?

Lors d'un passage à Chartres, dans ma belle-famille, ma belle-mère m'a mise en relation avec un homme qui travaillait avec les pierres. Elle me savait curieuse et ouverte de ces choses-là et avait pensé que je pourrais le rencontrer. Peut- être que ce monsieur pourrait m'aider avec mes problèmes de santé.

***

Depuis toujours, je suis animée d'une curiosité et d'une ouverture insatiables sur le monde. En fait, depuis que je suis toute petite, je me suis souvent interrogée sur le pourquoi j'étais sur terre. Il faut dire que mon enfance ne fut pas de tout repos.

J'ai un souvenir très précis d'un de mes premiers questionnements quant à ma venue sur terre. J'avais sept ans. Je venais d'entrer au Cours Préparatoire. C'était l'heure de la récré et les autres enfants jouaient. Moi, je m'isolais parce qu'ils me fatiguaient à crier dans tous les sens. J'aspirais au calme et à la tranquillité. C'était un matin de septembre. J'étais assise près d'un poteau qui trônait au milieu de la cour et je regardais le ciel. Tout à coup, est montée en moi, de je ne sais où avec force cette question : qu'est-ce que je fais ici, sur terre ? Avec le recul, j'ai compris que c'était à partir de cet instant que je n'ai eu de cesse d'essayer de répondre à cette question. Comme si cette interrogation qui me tenaillait et pour laquelle je n'avais pas encore de réponse, ne suffisait pas, je faisais l'expérience d'événements étranges, de toutes sortes. Et cela, je le tairais durant de très longues années.

Mon milieu familial était toxique et, c'est dehors, dans la nature, que je puisais ma force de vie. A l'extérieur, je respirais. Dans la *nature, je me sentais vivante, je faisais corps avec tout ce qui m'entourait. J'étais une enfant très croyante, au sens large du terme. Je me sentais reliée à une force d'Amour. Alors même que j'étais issue d'une famille ouvrière très engagée sur le plan syndical, matérialiste et athée.*

J'ai un autre souvenir datant de la même époque. J'étais rentrée à la maison après l'école et je m'amusais dans les champs. Je courais et je courais à perdre haleine. Mes cheveux étaient ébouriffés, les bras grands ouverts car j'aimais sentir la caresse de l'air sur mon corps. Je suis arrivée dans un champ de blé parsemé de coquelicots. Les bras toujours ouverts, j'ai contemplé le ciel au-dessus de ce champ. Et ce que je voyais était incroyable. C'est comme si le ciel avait été coupé net en deux. A gauche, un bleu lumineux et intense et à droite, un noir qui semblait annoncer la venue d'un orage. Au centre, il y avait cet arc de cercle quasi parfait, dans lequel se dessinait un improbable arc-en-ciel. J'étais subjuguée par ce que je voyais. Le temps s'était arrêté. À cet instant, j'existais dans ma plénitude.

Je prenais conscience que, bien que j'étais dans mon corps d'enfant, il y avait une partie de moi qui était différente, comme si une autre personne m'habitait. Une personne plus grande, plus âgée ou plus sage ; ou tout à la fois. Et cette personne me parlait.

Cette sensation, cette dichotomie, je les ai éprouvées pendant de très longues années. Je les ai traînées comme un boulet. Cela n'a pas toujours été facile à vivre, en particulier à l'adolescence, période à laquelle mes ressentis allaient se préciser.

***

Le jour du rendez-vous est arrivé

On a sonné à la porte. Je suis allée ouvrir. Là, sur le seuil, j'ai vu un homme en djellaba. J'ai eu une très forte impression de déjà-vu. C'était impensable ! Je savais, tout au fond de moi, que je le connaissais. Mais d'où ? Et pourquoi cet habit ? Je m'étonnais de sa tenue, à voix haute. Puis tout à coup, j'ai réalisé que non, il n'était pas du tout en djellaba ! Il était en jean, chemise, baskets, les cheveux noirs coupés courts. J'étais confuse d'avoir exprimé ma surprise à haute voix. Je me suis excusée de mon attitude et soulagement, il a ri. J'étais bousculée par cette rencontre et, plutôt que de passer à autre chose, avec diplomatie, j'ai insisté ! Je l'ai convié à entrer et lui ai expliqué que j'avais cru qu'il portait une djellaba, que j'avais l'impression de le connaître.

- Vous êtes sûr, nous ne nous sommes jamais rencontrés ?

J'ai enchaîné et je lui ai expliqué que ce genre de choses m'arrivait très souvent. De nouveau, il a souri. En fait, ce ne sera que bien plus tard que je ferai le lien avec le voyant que j'avais rencontré quelques années auparavant. C'était lui mais quelque chose avait beaucoup changé. Autant la première fois, j'avais éprouvé un rejet envers lui, autant cette fois-ci, je sentais un lien, une connivence. Mais d'où pouvait-elle venir ? Comment pouvait-on changer à ce point ?

La journée que je m'apprêtais à vivre allait être intense. Du déjeuner partagé, jusque tard dans la soirée. Nous étions en compagnie de ma belle-mère et de mon compagnon mais les échanges n'ont eu lieu qu'entre nous deux. Son histoire, son parcours, sa vision de la vie et son activité, à savoir travailler avec les minéraux, m'interpellaient ! Je le bombardais de questions. Il se prêtait bien volontiers à ce jeu qui n'en n'était pas un pour moi. Je cherchais des réponses encore et encore !

***

A seize ans, j'avais lu le Bardo Thödol, Alexandra David Neel, Saint François d'Assise, Allan Kardec, Hildegarde von Bingen, Dane Rudhyar, le pionnier de l'Astrologie Transpersonnelle. Un peu de Freud, beaucoup de Jung, des livres sur la vie après la mort du Docteur Raymond Moody, d'Edgar Cayce, de Maître Philippe de Lyon, la vie de Marthe Robin, le Message du Graal…Toutes ces lectures m'ont mise sur le chemin d'une quête de sens de ma vie sur terre. Je participais à des groupes de prière ainsi qu'à des rites spirituels. Plus tard, résonnerait en moi, ce qu'un ami m'avait dit :

" Un cercle, c'est un groupe où parfois, on peut tourner en rond"

Il m'a semblé juste à un moment de quitter ce groupement.

Je suis native d'Orléans et j'ai aussi lu beaucoup de livres sur la vie de Jeanne d'Arc pour laquelle j'éprouvais une fascination. Bref, je dévorais tout livre qui pouvait m'apporter des éclairages, des réponses à mes nombreuses questions.

Je ne suis pas allée longtemps à l'école, puisque j'ai arrêté en seconde pour entrer dans le monde du travail. De plus, je me suis mise en couple très jeune. Aujourd'hui, je sais que c'était pour fuir ma situation familiale. La lecture occupait et occupe toujours une grande place dans ma vie. J'ai un ressenti profond pour la poésie, la musique ; en fait, pour les arts en général, parce qu'ils nourrissent mon énergie. J'en ai un besoin vital.

***

Sans le savoir, avec cette journée, ma belle-mère m'avait fait un magnifique cadeau. J'avais passé toute l'après-midi à converser avec Jean-Yves, un homme passionnant. Il pourrait peut-être m'aider à soulager mes douleurs.

Comme le dit Cédric Michel :

" Une goutte de pratique vaut bien mieux que tout un océan de théorie".

Rendez-vous fut pris avec lui, dès le lendemain. Avec gentillesse, Jean-Yves est venu me chercher chez ma belle-mère et m'a conduite jusque chez lui. Il avait, de toute évidence, déménagé. Il vivait dans un immeuble lambda, dans un quartier lambda. Je lui ai fait part de notre première rencontre, il m'a rétorqué :

- Ah oui, ça, c'était dans une autre vie, je suis passé à autre chose.

Il m'a fait les honneurs de son appartement. À peine entrée, j'ai été assaillie par une énergie enveloppante qui a eu pour effet de relâcher toutes mes tensions. J'étais quand même un peu dubitative face à cette rencontre, perplexe. J'ai été prise au dépourvu car je n'avais aucune idée du pourquoi ?

Dans le vestibule, il y avait des minéraux partout ; de grosses, voire très grosses pierres roses, des transparentes, surprenant ! Il m'a fait entrer dans sa pièce à vivre, aménagée de façon plutôt spartiate. Là aussi, il y avait des pierres, de nombreuses pierres, diverses et variées tant en tailles qu'en couleurs.

- J'ai l'impression que vous me faites entrer dans votre grotte, lui ai-je déclaré.

- Vous ne croyez pas si bien dire !

- Avant de commencer, puis-je emprunter vos toilettes s'il vous plaît ?

- Oui, bien sûr, c'est dans l'entrée, la porte sur votre gauche et pour vous laver les mains, la porte juste en face.

Même dans les toilettes, il y avait des cailloux ! Même dans la salle de bains, ô surprise ! Une quantité improbable de grosses pierres roses dans la baignoire ! Incroyable ! Bon, moi avec mon sens pratique et un peu critique, je le reconnais, j'ai pensé : il ne doit pas souvent prendre de bains !

De retour, je lui ai fait remarquer qu'il possédait une quantité phénoménale de pierres.

- À quoi ça vous sert ? Qu'est-ce que vous en faites ? C'est pour cela, que tout à l'heure, quand je suis entrée chez vous, je me suis sentie comme enveloppée d'une énergie qui m'a détendue, j'ai trouvé cela surprenant et étrange.

- J'aime beaucoup les minéraux. J'ai découvert qu'ils sont porteurs d'énergie, comme tout ce qui nous entoure. Ils ont un effet bénéfique, tant sur le plan physique, émotionnel, mental, psychique que spirituel. Je vous en ai déjà un peu parlé. Certaines sont là pour créer une atmosphère bienveillante pour mon lieu de vie, d'autres je m'en sers pour accompagner les gens et il y en a que je revends. Bien, vous êtes prête ? Nous commençons ? Vous allez vous allonger sur le ventre sur mon canapé.

J'ai dû alors lui expliquer le souci, car cette position, je ne pouvais pas, trop douloureux ! Il fallait bien qu'il comprenne que je ne tenais pas plus de quinze minutes assise ou allongée. C'est debout que je m'en sortais le mieux.

- Il faut que je puisse poser des pierres sur votre corps. Vous allez vous mettre à genoux par terre, le haut du corps sur le canapé, ainsi je pourrai poser des pierres sur la base de votre colonne vertébrale, là où vous m'avez indiqué souffrir. Nous allons prendre notre temps, vous accorder des pauses si nécessaire si la posture génère trop de tensions, de douleurs. Ça vous va comme ça ?

- D'accord.

Voilà, je me suis installée, un coussin sous les genoux, le haut de mon corps allongé à la perpendiculaire sur le canapé.

Ah si on me voyait ! Qu'est-ce qu'il ne faut pas faire.

J'étais là, tête de côté, je reposais sur le canapé, j'attendais. Je ne voyais rien de ce qui se passait. Pour être franche, je me sentais ridicule, mais bon.

Silencieux, Jean-Yves semblait s'activer au-dessus de mon dos.

- Vous faites quoi ?

- J'écoute, soyez patiente, je vous dirai.

Patiente, patiente, ce n'est pas trop ce qui me qualifiait à l'époque.

Tout à coup j'ai senti une grande chaleur à l'emplacement de la douleur. Je voulais comprendre et lui ai demandé :

- Ça me chauffe fort là, ça vient d'où la chaleur ? Il se passe quoi ?
- J'ai posé un minéral là où vous avez mal. Et maintenant, avec mon pendule que j'ai placé au-dessus, j'essaie de décoder, de comprendre l'information que vous portez pour vous expliquer pourquoi vous avez cette douleur.

Puis, de nouveau, le silence. J'ai décidé de me laisser faire parce que, paradoxalement, je sentais que ma douleur, à cet instant, était moindre. Et puis si je voulais que ça avance, il fallait bien que je lâche, que je lui fasse confiance.

- Bon alors, oui, j'ai une info qui a son importance pour vous. Dans une autre vie, vous étiez une mama africaine. Vous avez passé votre vie, assise sur des coussins à vous faire éventer par des servantes, vous n'étiez pas très sympa, non, vraiment pas sympa.

Bam ! Il m'a balancé ça, comme ça ! Oui, je croyais à la réincarnation mais je n'en faisais pas toute une histoire. J'avais déjà beaucoup à faire dans celle-ci, alors les autres vies ! Et puis je m'étais toujours dit que si je ne me souvenais pas de ces autres vies, c'est qu'il y avait, à cela, une bonne raison. Qu'est-ce qu'il me racontait ? Ça sortait d'où, tout ça ? J'en suis restée muette. J'ai encaissé mais il ne perdait rien pour attendre. Il allait me falloir des explications après, quand ça serait fini.

- C'est bon pour vous la position ? Voulez-vous qu'on fasse une pause ?

- Oui, s'il vous plaît, je veux bien car j'ai mal à nouveau.

J'avais mal oui, mais j'étais aussi vexée et j'avais besoin de bouger un peu, de souffler.

- D'accord. J'enlève les pierres et vous pourrez vous relever, ça va ?
- Hum – hum.

Ensuite, la séance allait se poursuivre, entrecoupée des pauses indispensables, ponctuée de commentaires sur mon histoire familiale ; avec des précisions que j'étais seule à connaître. Je reconnais, j'étais profondément troublée ; en colère surtout, après moi, après lui. Jean-Yves ne se départait pas de sa tranquillité. Il a fait son soin, puis m'a annoncé que la séance était terminée pour aujourd'hui, mais qu'il y avait encore du travail à faire, du chemin à parcourir et que ce serait bien qu'on se revoie. Il m'a prévenue :

- Ne soyez pas étonnée si vous êtes fatiguée et/ou bousculée durant les jours qui suivent. Avec les pierres, il en va toujours ainsi. Le travail reçu s'étale dans le temps.

-   Entendu. Je vais réfléchir à tout cela. Franchement, je ne me vois pas faire des kilomètres pour venir ici pour les séances. Toutefois, il y aurait peut-être la solution que vous veniez chez nous, si cela vous convient. La maison est grande, je peux mettre à votre disposition une pièce, mais je dois avant tout en parler avec mon compagnon.

-   Dans le principe, ça me va, à condition qu'il y ait d'autres personnes intéressées par mon travail.

Nous convenons de nous tenir au courant.

En toute franchise, sur le moment j'avais surtout besoin de digérer ce que je venais de vivre. Je ne lui ai pas reparlé de la mama ni de tout le reste. J'ai gardé ça sous le coude. Le moment venu, je ne manquerais pas d'y revenir. Je voulais rentrer. Je me sentais dans un état étrange, pas désagréable, au demeurant, mais très fatiguée. Je n'avais qu'une seule envie : dormir. Je percevais quand même bien que ma douleur n'était plus aussi aiguë.

Si ce n'est que cette nuit-là…

Certes, j'avais une certaine habitude de ces trucs bizarres qui se produisaient toujours la nuit, qui me foutaient une trouille pas possible et dont je n'osais jamais parler, de peur que l'on me dise que je ne tournais pas rond. Je me suis endormie, bercée par les ronflements de mon mari…Tout à coup, j'ai eu la sensation désagréable que l'on me scalpait et que, de mon crâne, s'échappaient une multitude de pensées. Ce n'était pas mon imagination qui travaillait, j'avais les yeux grands ouverts, j'étais réveillée. Pour décrire les choses, j'avais l'impression qu'on me retirait des méandres gélatineux du crâne, ce qui, à mon grand étonnement, m'apportait un immense soulagement.

- Bon, me suis-je dit, c'est ta journée qui te travaille, peut-être que tu rêves éveillée, allez rendors-toi.

Si ce n'est qu'une fois mon crâne vidé, à peine les yeux fermés pour essayer de dormir, j'ai eu la nette sensation qu'une personne venait de pénétrer dans la chambre. La présence s'est assise au bout du lit, à mes pieds. Je me suis relevée sur mes coudes pour voir dans la semi-pénombre. Sur la couette, un creux s'était formé, comme la trace qui demeure lorsque quelqu'un s'est assis sur un coussin, le temps que le tissu reprenne forme. Je ne rêvais pas. Il y avait bien une présence au pied de mon lit qui me fixait. Je ne sentais pas de malveillance de sa part, ce qui me rassura ne me demandez pas pourquoi, je savais qu'elle voulait me parler. Que devais-je faire ? Ce n'était pourtant pas la première fois. Pour finir, j'ai décidé de faire comme si je n'avais rien vu ni entendu car j'estimais que la journée avait été bien assez dense comme ça et je me suis endormie.

Le lendemain matin, j'ai appelé Jean-Yves. J'estimais qu'il me devait des explications, je ne pouvais pas fonctionner comme ça. Lorsque je l'ai eu au téléphone, mon ton était péremptoire et il m'a écoutée, sans broncher. Et il a passé tout un après-midi à m'écouter. Pour la première fois, depuis longtemps, j'ouvrais tous mes ressentis à quelqu'un d'extérieur. Il m'a répondu au mieux, a semé d'autres graines, d'autres interrogations pour moi, quant à mon chemin de vie à venir. En accord avec mon compagnon et à condition que je gère - mais ça, je savais faire - Jean-Yves allait pouvoir venir à la maison. Je l'ai rappelé dans la foulée pour lui donner un accord de principe car je devais m'organiser.

Notre couple avait une vie sociale riche. Il n'a pas été difficile pour moi, avec mon enthousiasme légendaire - peut-être que dans une autre vie j'aurais pu faire une bonne commerciale - de rassembler une dizaine de personnes intéressées par les soins à partir de minéraux. A l'époque, c'était presque inconnu en France. Quelque temps plus tard, rendez-vous a donc été pris avec Jean-Yves afin qu'il vienne. Pendant un bon moment, il allait ainsi venir une fois par mois sur Poitiers.

Je me rappelle très bien sa première visite. Je l'avais installé dans le bureau dans lequel j'avais prévu un lit improvisé ; soit une planche sur quatre pieds avec un matelas recouvert d'un tissu et un tabouret. Il était venu avec ses pierres et il m'a expliqué qu'il travaillait exclusivement avec des cristaux de roche. Ses pendules étaient, eux aussi, en cristal de roche, et, à lui de faire le reste. J'étais toujours là quand il sortait ses pierres, elles me fascinaient, je les trouvais si belles. Il m'a dispensé des soins ainsi qu'aux personnes qui le souhaitaient. Au bout de quelques séances, je ne souffrais plus, plus du tout. J'avais fait le point avec lui quant à ce qu'il m'avait dit lors de ma première séance, ainsi que lors des séances suivantes.

La volonté de quitter mon travail était devenue une certitude mais je ne savais toujours pas vers quoi me tourner. Je réfléchissais à reprendre des études pour m'orienter vers la psychologie, mais avec mon travail, mon rôle de maman, je ne voyais pas du tout comment je pouvais mettre en place les choses. Entre-temps, notre situation financière s'était nettement améliorée. Mon compagnon ne s'opposait pas à ce que je fasse une pause professionnelle, le moment venu, afin de m'occuper des enfants, de tout le reste ; puisque lui, était toujours pris. Rester à la maison me convenait très bien. L'idée me mettait en joie, à la grande désolation de mes copines qui ne comprenaient pas que l'on puisse avoir envie d'être femme au foyer à notre époque !

Un jour, Jean-Yves est arrivé chez nous. J'ai remarqué deux choses : Il était évident qu'il n'était pas au mieux de sa forme. Je me suis permis de le lui dire. Ce qu'il m'a confirmé. D'autre part, il portait un drôle de sac à main rond en tissu sur l'épaule.

- Vous portez un bien joli sac, lui dis-je.

Au fond de moi, je me suis fait la réflexion que c'était étonnant que cet homme s'offre ce genre de choses, mais après tout, cela ne me concernait pas. Il m'a regardée et, comme souvent chez lui, son visage s'est illuminé d'un grand sourire malicieux. Le dimanche soir, quand il a terminé d'honorer ses rendez-vous, il était complètement lessivé. Après avoir partagé notre dîner, il m'a demandé si j'étais disponible car il devait me parler. Nous nous sommes isolés dans le bureau.

- J'ai besoin de vous Catherine. Je souhaiterais que vous me fassiez une séance.
- Moi ? Vous faire une séance ? Mais je n'y connais rien !
- Ce n'est pas grave, je vous guiderai.

J'étais figée face à sa demande.

- Un instant s'il vous plaît.

Je suis sortie en trombe du bureau pour aller dire à mon compagnon ce que Jean-Yves me demandait ; sa réponse a été sans appel :

-   Eh bien tu aimes le monde des pierres ?
-   Oui, beaucoup, je trouve ça beau mais...
-   Tu as une sensibilité particulière depuis toujours, non ?
-   Oui, c'est vrai mais…
-   Alors, qu'est-ce que tu risques ? Si ça marche, tant mieux et si ça ne marche pas, tant pis. Tu t'assois sur ton amour propre. C'est pas la fin du monde !

J'ai été stupéfaite de sa réponse mais je savais qu'il avait raison. Je suis retournée dans le bureau. A peine avais-je dis oui que j'ai senti monter la panique en moi. J'étais terrifiée, mais j'avais dit oui et, par principe, un principe auquel je ne déroge jamais, lorsque je m'engage, je vais jusqu'au bout.

-   Donc, si vous le voulez bien, vous me ferez une séance demain matin, d'accord ?

Inutile de vous dire que ma nuit fut un peu agitée. Je n'avais aucun problème avec le fait qu'il me fasse une séance de pierres mais que moi je lui en fasse une ! Le lendemain, le moment était venu de faire cette séance. Je suis entrée dans le bureau vraiment pas à l'aise. Il s'est allongé, après avoir mis à ma disposition ses cristaux. Je me suis assise à côté, j'ai pris le pendule et l'ai regardé. Mon cœur cognait dans ma poitrine.

- Je fais quoi maintenant ?
- Vous vous centrez dans votre cœur, vous demandez de l'aide comme vous m'avez dit que vous faites depuis toujours. Vous placez le pendule, là, au niveau de mon chakra du cœur et vous attendez ?

***

Comme je l'ai déjà exposé, depuis que je suis enfant, je dialogue avec une voix intérieure. J'ai tu cela pendant longtemps. J'avais très peur, en grandissant, d'être folle, schizophrène, d'autant, qu'a priori, il y a des membres de ma famille qui ont eu des soucis de cet ordre-là. En travaillant plus tard sur ma généalogie, je découvrirai que j'avais un grand oncle guérisseur. Sur un arbre, toutes les branches ne se ressemblent pas mais font corps avec l'ensemble. Donc jamais, au grand jamais, je m'en serais ouverte. En plus, j'étais une petite fille très à « fleur de peau ».

Je suis lucide. Pour avoir fait un long travail thérapeutique personnel, je sais que mon enfance dans un milieu toxique, a renforcé et décuplé cette sensibilité. L'enfant qui est amené à rentrer chez lui, dans un cadre totalement insécure, déploie sur le plan mental, émotionnel et affectif, des postures que j'appelle « ouvertures anticipatrices » afin de parer, si nécessaire à la situation à laquelle il est confronté. Autrement dit, même si j'étais une petite fille très sensible, ma sensibilité, mes ressentis étaient surmultipliés, compte-tenu du contexte. Combien de fois sur le chemin de retour de l'école, n'avais-je pas senti cette boule au ventre, à l'idée de ce qui risquait de se passer à la maison, dès la porte poussée. Je n'étais pas bien grande. Toutefois, quand la vie à la maison était, disons, plus calme, cette ouverture était bien toujours là quand-même.

Au début, je ne faisais pas trop la différence entre ma petite voix intérieure et la présence de Lumière ou des défunts. C'était compliqué d'ailleurs de m'y retrouver. Mais j'avais assez vite compris que mes ressentis étaient différents en fonction de « la sollicitation ». Tout ce qui était « léger et doux » avait bien évidemment ma préférence. Le reste me terrifiait... surtout les morts. C'est pour cela que j'ai cherché à comprendre. Car, plus je grandissais, plus cela s'affirmait. D'où mes lectures, mes rencontres salvatrices qui m'apporteraient éclairage et réconfort sur ce que je vivais. C'était bien une réalité, ma réalité. J'allais non seulement devoir l'accepter, peut-être aussi en faire quelque chose.

***

- C'est quoi un chakra ?
- Je vous expliquerai plus tard.
- Et j'attends quoi ?
- Vous écoutez, puis vous me dites ce que vous ressentez, ce que vous voyez.

37

J'ai pris un instant. J'ai fermé les yeux, me suis centrée, me suis souvenue que je m'étais engagée. J'ai fait ma demande à ma petite voix de Lumière. Le temps et l'espace s'étirent lorsque l'on se centre ainsi. L'apaisement est venu. J'ai placé le pendule comme il me l'avait indiqué et j'ai attendu. Jean-Yves avait fermé les yeux, il se laissait faire, visiblement très heureux qu'on s'occupe de lui. Tout à coup, j'ai entendu très clair dans ma tête :

- Ce n'est pas trop tôt ! Ça fait un moment qu'on t'attend !

J'ai bondi de mon tabouret, j'ai été prise d'une immense colère, j'ai balancé le pendule et j'ai invectivé Jean-Yves.

- Si vous vous croyez malin en utilisant votre télépathie ; très peu pour moi !

Il m'a regardée tout à fait interloqué. Je suis sortie du bureau comme une tornade ! Il est revenu me chercher et m'a demandé ce qui c'était passé. Une fois calmée, je me suis expliquée.

- Écoutez, me dit-il, je n'ai pas fait de télépathie comme vous dîtes. J'ai besoin de vous. Je vous propose de faire cette séance. Nous faisons le point après, quand c'est terminé, d'accord ? Vous vous êtes engagée non ?

Oui, oui, j'imagine bien ce que vous devez vous dire ! D'un côté, elle dit qu'elle parle avec sa petite voix depuis toujours, qu'elle ressent plein de « trucs » et là, quand elle a l'occasion de l'utiliser elle s'emporte, ça n'a pas de sens.

***

En fait, même si je le répète, j'ai « tenu », c'est le bon terme, comme ça durant des années. C'est très éprouvant de vivre ce genre de choses lorsque l'on ne comprend pas ce que c'est. J'ai vécu tellement d'évènements anachroniques au quotidien.

Une fois, ma bande de copains et moi avions été invités pour la galette des rois chez les parents d'un de nos amis. Nous étions nombreux, tous installés autour de la table à rire quand soudain, j'ai vu arriver une vieille femme dans la pièce. Je me suis levée d'un bond et ai cherché une chaise car je me dis qu'on avait oublié la grand-mère. Mon compagnon d'alors m'a chuchoté discrètement :

-   Qu'est-ce qu'il y a ? Qu'est-ce que tu fais ?

Bien m'en a pris de me pencher à son oreille et de lui dire :

-   Je cherche une chaise pour la grand-mère.

-   Quelle grand-mère ? Tout le monde est là. Tu sais bien qu'elle est décédée il y a peu. C'est pas le moment de commettre un impair, ils ont eu assez de chagrin comme ça. ! Rassieds toi !

Vous comprenez bien que quand on vit ce genre d'événement, au quotidien, qu'on ne sait pas pourquoi ; ce n'est pas facile à gérer, surtout que cela ne prévient jamais. Ce qui n'a pas empêché la grand-mère de partager ce moment convivial avec nous !!

Au début, je pensais que tout le monde était comme moi. Je me suis vite rendu compte que non... et même s'il y avait d'autres personnes qui vivaient ce type d'expériences, personne n'en parlait. Aujourd'hui, c'est différent. La seule solution pour moi était de garder le silence. Tant que cela me concernait, j'allais apprendre à faire, plus ou moins avec, cela faisait partie de moi. Tant que je n'en parlais pas ...

La différence ici, était qu'il y avait une autre personne en jeu. Il en allait de ma responsabilité. Même si Jean-Yves était bien placé pour comprendre, je ne le connaissais pas si bien que cela. Je ne savais pas jusqu'où je pouvais exprimer mes ressentis. Je reconnais que la confiance en soi, ça se cultive, il me faudra de longues années avant d'y arriver mais là, j'ai entrebâillé la porte.

J'y suis retournée. J'ai mis le pendule au-dessus de sa poitrine et je me suis centrée :

- Non, non, Tu as bien entendu, c'est bien à toi qu'on s'adresse. Ça fait un moment que nous t'attendons et nous nous réjouissons de t'accueillir !

De nouveau, j'ai blêmi. Cette fois Jean-Yves, les yeux ouverts :

- Qu'est-ce qu'il y a ?
- Ça recommence, j'entends des voix qui me parlent.
- Eh bien laissez-les vous parler, rappelez-vous que nous ferons le point après, d'accord.
- D'accord, dis-je.

Je regarde ce pendule qui se met à tourner doucement, puis de plus en plus vite. À ce moment précis, des images apparaissent.

- Je vois des images.
- Dites-moi ce que vous voyez.
- Une pièce très ensoleillée, attendez, je crois que ça ressemble à une cuisine.

À l'instant où j'écris ces lignes, bien que je me souvienne très bien de ce que j'ai reçu, je préfère par respect, par discrétion ne pas trop divulguer les faits.

- Pouvez-vous m'en dire plus ?
- Attendez, pour finir, il y a une fenêtre qui donne sur… un paysage aride, et tout à coup les images disparaissent.
- Vous savez je suis né au Maroc…

Il me confirma alors que tout ce que j'avais dit était parfaitement vrai.

(Très long silence...)

- Et maintenant, je fais quoi ?

- Vous continuez. Si vous devez placer des cristaux sur des parties de mon corps vous le faites
- Mais, comment je sais si je dois mettre des cristaux, puis je les place où ?
- Vous êtes accompagnée, non ? Alors demandez ?

Au point où j'en étais, j'ai continué sur ma lancée. J'ai su où placer les cristaux sans savoir d'où me venait cette intuition, mais j'ai obtempéré. La séance s'est déroulée ainsi : pose de mon pendule au-dessus des « chakras » - parce que visiblement il n'en n'avait pas qu'un - guidée par Jean-Yves ; lecture à voix haute d'images qui apparaissent ; pose de cristaux sur différentes parties du corps.

- Comment je sais que c'est terminé ?
- Quand vous ne recevez plus aucune information. N'oubliez pas de remercier vos Accompagnants.

Quand il n'y eut plus ni son, ni image, j'ai fait part à Jean-Yves que c'était, à mon sens, terminé. Dans mon for intérieur, j'ai remercié les « Présences » pour leur aide. Jean-Yves m'a remerciée, m'a dit que cela lui avait fait beaucoup de bien. Je l'avais éclairé sur nombre de points importants pour lui, à ce moment-là de sa vie. Et aussi, que je venais de lui confirmer ce qu'il ressentait à mon égard, à savoir :

-    Vous êtes plutôt douée pour ce travail.

C'est la seule et unique explication qu'il m'a fournie. Je suis restée sur ma faim. Son séjour chez nous arrivait à son terme. Juste avant de partir, il a fait deux choses : il m'a offert ce joli sac qu'il portait quand il était arrivé et m'a expliqué que c'était un cadeau pour moi. J'ai cru que c'était pour me remercier de mon accueil à la maison. Je l'ai pris, lui ai signifié ma gratitude. J'allais poser le sac lorsque Jean-Yves m'a dit :

-    Ouvrez-le, Catherine.

Je l'ai ouvert et j'ai vu qu'à l'intérieur, il y avait sept beaux cristaux de roche. Je n'en revenais pas. Il m'offrait mes toutes premières pierres, j'étais très émue, au comble du bonheur. J'allais le poser avec soin sur la table toute proche lorsqu'il m'a dit :

-   J'ai terminé mon travail ici, tant avec les personnes qui venaient me voir qu'avec vous. On m'attend ailleurs mais nous restons en contact. Vous allez parfaitement bien maintenant - ce qui était vrai - donc je ne vous dirai qu'une seule chose : à votre tour maintenant, faites bon usage des cristaux et surtout travaillez toujours avec amour.

Avais-je bien entendu ce qu'il me disait ? À cet instant, j'étais tellement stupéfaite de ses propos que je n'ai pas su quoi répondre. J'ai bafouillé un grand merci. Une fois qu'il a été parti, j'ai attrapé le sac qui contenait mes cristaux, l'ai posé, tout en haut d'une étagère dans le bureau et je me suis dit :

À moi de jouer maintenant, il en a de bien bonnes, lui ; n'importe quoi !

Je ne les ai pas touchés pendant très longtemps, sauf pour aller admirer de temps en temps mes cristaux. Je les sortais, je les regardais, je les touchais puis les remettais gentiment dans leur contenant, tout en haut sur l'étagère.

Le jour de la délivrance de mon travail à l'hôpital était enfin arrivé

Je prenais une disponibilité professionnelle pour rester à la maison, m'occuper de mes enfants, gérer le reste. Nous étions en mille neuf cent quatre- vingt- seize. Mon mari finalisait sa thèse, tout en préparant son futur cabinet en libéral. Nous touchions presque au but. Nous allions pouvoir enfin vivre sans pression, lui à son cabinet, moi à la maison. Nous habitions dans une très belle maison restaurée, un cadre extérieur magnifique avait pris forme. Et même si nous avions encore des corps de bâtiment à restaurer, rien ne pressait car nous ne savions pas encore ce que nous allions en faire. Mais il n'y avait pas d'urgence, nous allions pouvoir souffler un peu, enfin c'est ce que je croyais. Jean-Yves était revenu à de nombreuses reprises, en ami, et aussi pour animer un stage de deux jours que j'avais organisé pour lui à la maison. Notre lieu de vie s'y prêtait bien.

Le premier jour avait consisté en des explications théoriques sur le corps humain, ses différents corps énergétiques, les chakras et la circulation des énergies. Le deuxième jour présentait une expérience avec du quartz rose. Il nous avait donné le nom de quelques ouvrages au sujet des chakras et des corps énergétiques que je m'empresserai par la suite d'acheter pour approfondir. L'ouvrage sur les chakras me permettrait de mieux comprendre ce dont il avait parlé. Toutefois, j'étais dubitative parce que ce n'est pas ce que j'avais perçu lors de la séance avec Jean-Yves. Quand j'avais placé mon cristal au-dessus de ces dits chakras, je n'avais pas ressenti/vu de cette façon lesdits « vortex » décrits dans le livre, j'avais eu des images et des sons, je n'avais pas vu de « tourbillon d'énergie ». Avec le temps et la pratique, oui je percevrai ces vortex, lorsqu'ils sont encombrés, dans un piteux état : décalés, éclatés, quasi fermés, etc.

Voilà ce que je comprendrai par la suite.

Dans l'énergétique, sept chakras majeurs sont souvent décrits. Avec le temps et l'expérience, j'en dénombrerai, en réalité, douze majeurs et un treizième assez différent avec un rôle un peu particulier. Le huitième se situe en dessous du chakra racine quand les autres s'étagent au-dessus du chakra couronne. Le treizième, je l'apparente à un lémniscate * d'énergie situé, quand la personne est allongée, juste au-dessus d'elle, à mi-parcours entre le haut et le bas du corps relié, à ce que j'ai compris aujourd'hui, au mouvement primordial.

Nous ne sommes pas qu'un tronc ! L'être humain est constitué de beaucoup, beaucoup d'autres chakras secondaires en lien avec les chakras primaires sans parler des nombreux nadis*.

Quant aux différents corps énergétiques, outre le corps physique qui est aussi un corps énergétique que certains nomment « corps minéral », ce qui est très juste, j'ai compris que je percevais plutôt bien le corps vital, jumeau du corps physique. Ce corps vital, certaines personnes le nomment corps éthérique - avec des aspects « cotonneux, des trous, des pics, des déchirures, plus ou moins grands selon l'état de l'énergie, de la vitalité de la personne. Mais, je vous rassure, il arrive que le corps vital rayonne bien. En ce qui concernait le corps émotionnel, j'avais des ressentis en lien avec une texture différente du corps vital, des couleurs changeantes. Au départ, je ne distinguais pas clairement les autres corps, même si dans l'absolu, ils se mêlaient aux informations que je recevais.

J'aime prendre l'image des poupées russes pour expliquer à mes clients l'emboîtement de ces différents corps : tous les corps prennent naissance à l'intérieur du corps physique de la personne et leur énergie irradie sur l'extérieur. Certains corps énergétiques, pour faire simple, forment un tout incluant eux-mêmes des sous-parties.

Comme disait Jésus :

"Il y a de nombreuses demeures dans la maison de mon Père".

*Lémniscate d'énergie :

Le lemniscate (du grec lêmniskos et du latin lemniscus : lemnisque ornemental, ruban) est une courbe en forme de huit qui correspond au signe infini. Le lemniscate peut aussi être décrit comme une ellipse torsadée.

Le lemniscate montre que les flux énergétiques se croisent dans des sens opposés. Il est donc très important pour ramener l'harmonie, car il n'y a en réalité qu'un seul et même flux énergétique.

*Nadis :

Le mot sanskrit Nadi provient de la racine « Nad » qui signifie « mouvement ».

Les Nadis représentent des trajets ou des canaux subtils au travers desquels le Prana ou Énergie vitale circule en permanence dans les différents corps de l'être humain. Certains Nadis sont perceptibles au niveau physique, comme par exemple les veines, les artères et les nerfs mais la plupart des Nadis sont extrêmement subtils, n'étant pas visibles à l'œil nu. Il y a une liaison très étroite entre les Nadis, tous les différents corps y compris le corps physique et le Prana.

Jean-Yves allait aussi m'ouvrir à la découverte de l'énergie dans des lieux spécifiques.

Nous avons fait des expériences afin de ressentir l'énergie des dolmens, des menhirs, du labyrinthe de la cathédrale de Chartres pour n'en citer que quelques-uns. J'ai un très beau souvenir de cette dernière expérience.

Un jour que j'étais de passage à Chartres, il m'avait appelée pour me demander si ça me dirait d'entrer dans la cathédrale, de faire le parcours du Labyrinthe. La cathédrale avait été débarrassée de tous les sièges en vue d'une manifestation qui devait se dérouler les jours suivants. Mais, m'avait-il précisé, il faut que nous y allions très tôt, soit sept heures du matin. Je ne sais pas comment il s'y était pris pour avoir les clés, je crois qu'il m'avait dit être ami avec le bedeau. Nous avons pu entrer dans la cathédrale pour faire le parcours du labyrinthe. Un moment inoubliable pour moi. Entrer au petit matin dans ce lieu, totalement vide, dans un silence absolu, les vitraux éclairés par les premières lueurs du jour, inouï.

Il m'éclaira aussi sur les lieux, aux énergies perturbées, ce qui me permit de mieux comprendre certaines expériences que j'avais vécues par le passé.

***

Lors de visites de certains châteaux de la Loire, je voyais des pendus, souvent sur la place, devant le château. Après recherche, car j'avais toujours besoin de vérifier, je découvrais que c'était vrai. Parce que oui, les lieux gardent tout en mémoire. Tout est énergie, et il y en a vraiment de très, très moches, des noires, des sombres. Il suffit de visiter les champs de bataille dans le nord de la France - ce que j'ai fait en me bouchant les oreilles tout le temps de la visite - pour comprendre.

Les maisons aussi ont de la mémoire.

Lorsque j'avais seize ans, j'ai vécu dans un petit studio sous les combles qui se trouvait dans la très ancienne maison de famille de mon compagnon de l'époque. Au rez de chaussée, vivait sa grand-mère maternelle, au premier étage, ses parents, au second dans nos studios respectifs, nous à gauche, sa sœur et son compagnon à droite. Très vite, j'ai commencé à m'y sentir très mal. Il se passait des choses bizarres : déplacements d'objets, coups frappés, voix qui me parlaient. Au début, je me disais que c'était dans ma tête, que j'avais trop d'imagination, mais quand j'ai commencé à perdre le sommeil, quand des trucs bizarres sont apparus aussi dans la journée... J'ai demandé à mon compagnon s'il vivait cela aussi. Sans mettre ma parole en doute, il m'a répondu que non.

À l'époque, nous étions une bande de copains, tous à la recherche d'un sens à notre vie et nous formions un groupe profondément soudé. Nous passions tous nos week-ends ensemble à écouter de la musique, à réfléchir à comment nous allions pouvoir changer le monde de demain - on y croyait dur comme fer - à assister à des conférences, à parler de livres, à faire la fête aussi mais peu car nous étions fauchés. Encouragée par mon ami, j'ai fait part au groupe de ce que je vivais. Bon, au début, ils m'ont un peu chambrée. Puis ils m'ont fait la proposition de tous venir dormir un soir pour voir de quoi il retournait vraiment. Les voilà donc tous entassés dans leurs duvets dans la pièce commune, pas bien grande. Tout ça prenait une tournure de colonie de vacances. Tout un chacun semblait s'amuser comme des fous. Mon compagnon et moi, dans notre petite chambre à côté. Au réveil, lorsque j'ai vu leur tête, je leur ai demandé ce qui s'était passé. Plus personne n'avait envie de rire. Pas un seul n'avait fermé l'œil de la nuit. Il y avait eu des coups frappés à la fenêtre toute la nuit alors que, je vous le rappelle, mon studio était au second sous les toits. Des objets se déplaçaient tout seuls, des chuchotements, des frôlements... Je n'avais absolument rien entendu et super bien dormi. Un des copains m'a encouragée à faire des recherches sur ce qui aurait pu se passer dans ce studio. J'ai découvert, à ma grande surprise, que Stéphane avait une certaine connaissance face à ce genre de choses et il m'a avoué que ses parents étaient adeptes d'Allan Kardec. D'ailleurs, lors d'un voyage à Paris avec notre petite bande, nous avions visité la tombe d'Allan Kardec, au cimetière du Père-Lachaise. A dire vrai, je n'en garde pas un souvenir mémorable mais j'ai apprécié ce cimetière. Quand j'étais enfant, pour fuir la maison familiale, je me réfugiais soit dans les églises soit dans les cimetières ; les seuls endroits où je me sentais en sécurité. J'allais donc découvrir l'univers du spiritisme sans m'y attarder du tout, comme toujours, par peur.

Au final, j'ai appris qu'un grand oncle avait vécu là. Il restait un secrétaire qui lui avait appartenu. La mère de mon compagnon m'a expliqué que, d'après ce qu'elle savait, c'était un poète avec un talent estimable. Je ne sais pas pourquoi j'ai été poussée à fouiller le secrétaire à la recherche d'un tiroir secret - il n'y a pas que dans les films que l'on voit cela. Aussi improbable que cela puisse paraître, j'en ai découvert un, dans lequel se trouvaient des poèmes. Il avait été très amoureux d'une jeune femme mais leur union n'avait pas pu se faire. Je crois que c'était lié au statut social. Il avait fait une profonde dépression et avait fini par se pendre dans ce studio.

Notre bande de copains, mon compagnon et moi-même avons décidé de prier pour lui, afin qu'il quitte les lieux, que je puisse y vivre en paix. Nous avons fait une cérémonie, nous avons lu ses poèmes, allumé une bougie et prié. Nous étions très sincères dans notre démarche, le fait est, qu'après tout est redevenu normal.

***

La route est longue, un pas après l'autre

Lors d'une discussion avec mon mari, je lui exprimais le fait que quelque chose en moi avait profondément changé depuis ma rencontre avec les pierres. C'est alors qu'il me fit la remarque que notre ami commun m'avait fait un beau cadeau et que peut-être, il serait temps d'en faire quelque chose. Il me fit réaliser, que depuis que nous vivions ensemble, il avait constaté que :

- Où que nous allions, il y a toujours quelqu'un qui vient vers toi, qui te raconte sa vie.
- C'est pour tout le monde pareil non ?
- Non, ce n'est pas vrai. Moi, cela m'arrive, mais rarement. Je ne suis pas autant à l'écoute de l'autre que toi. Les gens sentent ta disponibilité. Toi, c'est tout le temps, où que tu ailles, il y a toujours quelqu'un qui t'aborde. Ça se termine toujours pareil. La personne finit inexorablement par te parler de sa vie, de ses soucis. Il serait peut-être temps de cadrer ce genre de situation et d'en faire quelque chose.

- Ah oui, je n'avais pas pris conscience que c'était à ce
point-là.

Cela me paraissait si normal. Après il est vrai que « l'autre » a toujours attisé ma curiosité, pas une curiosité intrusive, ni malsaine, mais comprendre ce qu'il est, ce qui l'anime en vérité, au fond de lui. Est-ce que comme moi, il cherche son chemin ici-bas ? Et comment s'y prend-t-il ?

Après cette conversation, j'ai partagé avec quelques amis intimes, lors d'une soirée, ma rencontre avec Jean-Yves et le cadeau qu'il m'avait fait ; le travail avec les pierres. Je ne me rappelle plus comment j'en suis arrivée là, mais j'ai accepté de faire un essai sur ces quelques amis, dont la curiosité avait été piquée. La seule condition était qu'ils n'en parlent, à personne. A priori, mes amis sortaient assez contents de mes séances. Ils me faisaient un retour plutôt positif. Mais je me disais que c'étaient des amis très proches et pour moi, ce n'était pas concluant. Où était la frontière entre ce que je connaissais d'eux et les ressentis que j'avais au moment des séances ? Je n'étais pas satisfaite du processus. Je me disais qu'il me faudrait faire une séance à quelqu'un que je ne connais pas du tout. Seulement à ce moment-là, si c'était la voie à suivre par la suite, eh bien soit !

J'ai donc passé un pacte avec ma petite voix intérieure : Si telle doit être ma destinée, alors envoie moi quelqu'un que je ne connais pas du tout et alors, je m'engage à en faire quelque chose.

Un matin de mille neuf cent quatre- vingt - dix- sept, le téléphone a sonné :

- Bonjour je suis bien chez Monsieur et Madame…
- Oui, bonjour je suis l'épouse du docteur, vous souhaitez un rendez-vous ?
- Non, non, c'est avec vous que je veux un rendez-vous.
- Avec moi ? Mais je pense que vous faites erreur Madame ; je ne suis pas médecin.
- Ah oui, oui, ça je sais, mais on m'a dit que vous travailliez avec les pierres.

Bref silence...

- Mais excusez-moi, qui vous a dit cela ?
- Je crois que nous avons une connaissance commune. Elle m'a fait part des séances qu'elle a faites avec vous. Je suis

une personne très curieuse et je voudrais essayer. Je pense que vous pourriez m'aider.

De toute évidence, malgré ma demande, les amis avaient parlé. Comment allais-je me dépatouiller de cette situation ?

-   Me permettez-vous d'être franche avec vous ?
-   Je vous en prie.

Je lui ai résumé la situation, le fait que je n'y connaissais rien, tout ceci n'était que des balbutiements, etc. Enfin, j'ai essayé de la décourager mais elle ne lâchait rien, rien de rien.

De guerre lasse, j'ai fini par accepter que nous nous rencontrions, à condition que je ne lui fasse qu'une séance. Je n'avais aucune idée de combien de temps ça durerait ni ce qui en découlerait. Surtout, elle ne devait en parler à personne et bien sûr, c'était gratuit.

-   Soit, ça me va, me dit-elle.

Rendez-vous fut pris pour un après-midi.

Pour moi, il était clair à cet instant que j'allais la recevoir, puis basta. Ça, c'était tout moi ! Je passais un pacte avec « Là-Haut » et quand je recevais une réponse favorable, non seulement je ne percutais pas, mais en plus, je faisais tout pour que cela ne se réalise pas.

La peur, toujours la peur chevillée au corps. Mon éternel manque de confiance en moi, mes doutes, mes peurs ; même si je travaillais dessus, j'avais toujours du mal à me sentir légitime. Tout cela oui, mais surtout cette pression intérieure liée à la responsabilité d'entrer dans la vie intime, la vie énergétique des personnes. J'avais conscience que ça me demanderait beaucoup d'amour, de travail. En serais-je capable ? Aurais-je toujours assez d'Amour en moi pour les accompagner ? C'était une profonde et réelle inquiétude pour moi. Si je poussais cette porte, pour de vrai, je savais que je ne ferais plus jamais machine arrière. C'était un grand pas à franchir.

Tout premier rendez-vous

Le jour du rendez-vous. J'ai ouvert la porte et j'ai découvert une petite femme rousse d'une cinquantaine d'années, très apprêtée, élégante et souriante. Je l'ai fait entrer dans le bureau où tout était prêt pour la séance ; le lit, le tabouret, mes cristaux de roche. Une fois encore, je lui ai renouvelé que j'avais accepté uniquement sur son insistance, mais que je n'y connaissais pas grand-chose, que je ne savais pas du tout ce qui allait advenir. Elle m'a expliqué qu'elle avait l'habitude de solliciter des thérapeutes de soins alternatifs, divers et variés, pour avancer dans sa vie. Que pour elle aussi c'était une première de faire une séance avec quelqu'un qui travaillait avec les pierres et qu'elle en était très heureuse. Elle m'a mise à l'aise, m'a encouragée à commencer, a précisé qu'elle avait toute confiance en moi et que tout allait bien se passer ; un comble !

J'ai pris un temps pour me centrer, faire appel à mes « Aides ». Tout de suite, la responsabilité d'entrer dans l'intimité de cette personne est apparue, le moment était sérieux, teinté d'une certaine gravité. Je devais avancer dans le processus avec tout l'Amour possible. Je lui ai déjà demandé quelle était la priorité du moment pour elle puis, je me suis lancée. La séance allait durer très longtemps, plus de deux heures. J'avais quand même l'idée de tout faire afin de ne pas y revenir. Après m'être centrée, j'ai placé mon pendule au-dessus des dits chakras. Au fur et à mesure que les informations arrivaient, je lui en faisais la retranscription. Je posais des cristaux sur son corps si nécessaire, pour amener de la fluidité dans son énergie générale qui visiblement circulait assez mal. Lorsqu'il n'y eut plus « ni de son ni d'image ni de conseil » j'ai remercié car je savais que c'était terminé. Elle s'est relevée. Je lui ai demandé comment elle avait vécu ces instants.

- Ce que vous m'avez dit est très juste et m'éclaire. Je me sens plus légère, même si j'ai l'impression que mon corps pèse une tonne. Et vous, comment avez-vous vécu cette séance ?

Je lui ai souri et je lui ai dit que je me sentais particulièrement sereine. Je devais bien admettre que cela me rendait heureuse d'avoir pu lui apporter un éclairage, un mieux-être. Je lui ai précisé qu'elle sentirait un peu de fatigue dans les jours à venir. C'est ce que j'avais appris auprès de Jean-Yves. J'avais pu le constater par moi-même. Il faut un certain temps, et c'est bien normal, pour que la personne digère les informations reçues, pour apprivoiser l'énergie relancée.

Elle a tenu à me payer. Je lui ai rappelé que ce n'était pas ce qui était convenu. Elle m'a rétorqué :

- Tout travail mérite salaire. Vous m'avez accordé beaucoup de temps. Il me paraît juste de vous rémunérer.

Franchement, je ne me rappelle plus le montant. J'ai pris la somme qu'elle me tendait et ânonné un grand merci, au regard de son insistance.

- Quand dois-je revenir ?
- Je n'ai pas prévu de vous revoir mais si vous voulez bien me faire un retour d'ici quelques semaines, je vous en remercie à l'avance.

Quand elle a été partie, j'ai pris une petite boîte, y ai déposé l'argent et ai rangé la boîte dans un tiroir.

Environ trois semaines plus tard, la dame m'a rappelée et m'a dit qu'il fallait absolument qu'elle me revoie. Elle avait beaucoup de choses à me raconter suite à notre rendez-vous et elle pensait que ce serait trop long au téléphone. De toute évidence, cela avait bougé dans sa vie. Un second rendez-vous a été pris, puis un autre et encore un autre.

Nous allions, au fil du temps, tisser des liens d'amitié. Cette dame allait m'aider à ouvrir des portes sur Poitiers. Je n'habitais qu'à quinze kilomètres de la ville mais je ne la connaissais pas du tout. Je ne savais pas ce qui s'y passait, j'avais trop à faire sur place.

J'allais découvrir tout un monde en lien avec l'énergie, le développement personnel, la spiritualité, l'ésotérisme. Ainsi que les conférences, les groupes de chercheurs, les nombreuses thérapies parallèles, les salons de bien-être. J'allais faire beaucoup de rencontres, créer de nombreux liens avec tant de personnes et thérapeutes.

Je me suis aussi ouverte à différentes formations dans le développement personnel, comme la géobiologie, la constellation familiale, et bien d'autres. Ces formations me permettraient de continuer à travailler sur moi. Cela me demandait beaucoup d'organisation mais j'y parvenais toujours. Je suis née avec un fort potentiel énergétique, cela m'a beaucoup aidée.

Chaque fois que je le pouvais, j'assistais également à des conférences.

Une, parmi tant d'autres, m'a marquée. Elle s'est surtout avérée fort utile. Cette conférence était donnée par un magnétiseur, un homme natif des îles. Je découvrirai plus tard que c'était un ancien militaire de carrière. Une vraie force de la nature, tant par sa taille, son poids et son énergie. Lors de la conférence, après avoir relaté son parcours, détaillé son travail, il a fait appel à une personne dans l'assistance pour une mise en pratique. Bien que silencieuse au fond de la salle, salle pleine, c'est moi qu'il a interpellée pour me demander si je voulais bien me prêter au jeu.

-   Ah bah mince alors, pourquoi moi ?

Pas particulièrement à l'aise, j'ai obtempéré. Il a fait asseoir une autre personne sur une chaise et m'a demandé de me placer derrière elle. Ce jour-là, j'ai fait l'expérience, par le toucher, des différents corps énergétiques.

Lorsque je suis arrivée au niveau du crâne de la personne, j'ai été décontenancée par ce que je ressentais. À gauche de sa tête, j'avais vraiment l'impression de ressentir un morceau de bois planté dans son crâne. Je me suis retournée vers le monsieur. Il m'a fait comprendre de me taire, de continuer. Une fois l'expérience terminée, j'allais retourner à ma place quand il m'a demandé de venir le voir à la fin de la conférence. La salle vide, je suis donc allée le voir.

À ma grande surprise, il m'a dit qu'il m'avait remarquée tout de suite à cause de l'énergie que je véhiculais. Il m'a proposé que nous nous rencontrions plus avant autour d'un café. Je lui ai suggéré de venir chez nous, s'il le souhaitait. Il a accepté, enchanté.

C'est ainsi qu'avec lui j'allais parfaire mon approche des différents corps énergétiques, des chakras, de mon magnétisme par le toucher. Je lui ai exprimé ce que j'avais ressenti sur le crâne de la personne, c'est alors qu'il m'a ouvert les portes de la connaissance sur le « monde obscur ».

Il m'a révélé que, ce que j'avais ressenti, à cet endroit précis, était un « arbre inversé » ainsi qu'il le nommait. Une énergie négative envoyée sur la personne. Pour lui, cela s'apparentait à un envoûtement. Il m'a expliqué que la personne avait été, sans qu'elle en soit consciente, mais aussi parce qu'elle n'était pas en équilibre à tout point de vue, la cible de pratiques dites « occultes » négatives qui se matérialisaient, sous cette forme, dans son énergie. Le but en était qu'elle soit atteinte dans son intégrité, dans sa vie de tous les jours. Il m'a assuré qu'il l'avait aidée et que tout était rentré dans l'ordre.

Dans l'exercice de ma pratique, je serai très souvent sollicitée pour des « envoûtements ». La plupart du temps, et c'est heureux, les personnes se trompent. Elles sont certes, « coincées » dans tout un fatras d'énergies dites négatives qui entraîne le déséquilibre. Le thérapeute peut y avoir accès.

Il me semble important de rappeler que l'énergie est neutre, toujours. C'est par l'action du libre arbitre que nous la transformons pour créer ou pour détruire. Les énergies dites « sombres », dont ces personnes sont porteuses, sont souvent provoquées par elles-mêmes, consciemment ou inconsciemment. C'est en lien avec leurs histoires, y compris transgénérationnelles ou en lien avec leur lieu de vie.

Elles peuvent aussi juste s'empêtrer dans leurs pensées, s'emberlificoter dans un processus victimaire. « Comme tout ce qui m'arrive n'est pas de mon fait, pas de ma faute, c'est bien entendu la faute de l'autre. C'est lui qui me fait, lui qui me veut du mal. Moi, je n'ai rien fait, je n'y suis pour rien ».

Si chaque pensée, à tout instant, est focalisée sur « je suis envoûtée parce que quelqu'un me veut du mal », eh bien, je m'auto-envoûte.

Il est fondamental d'assimiler que tout est énergie ! La pensée, la parole, l'acte. Absolument tout !

L'homme peut ainsi se créer un « corps de souffrance énergétique », bien réel, qui entrave sa liberté d'être.

Lorsque cela arrive, et cela peut arriver à tout un chacun, la personne souffre de ce que j'appelle une « anémie d'Amour » envers elle-même, une « anémie d'Amour » envers l'autre, une « anémie d'Amour » envers la vie. Elle souffre de la difficulté d'accepter, d'assumer son incarnation sur terre. Le thérapeute arrivera toujours à faire quelque chose, à la seule condition que la personne se remette en cause, en profondeur, dans toute sa manière de vivre. Ça peut prendre du temps mais elle se rétablira.

Toutefois, il faut bien que j'admette qu'il y a des exceptions. même si à la base, toute personne qui consulte est fragile ou fragilisée par ce qu'elle vit. Malheureusement, il faut bien le reconnaître, il existe des thérapeutes qui détournent l'énergie à des fins pathétiques. Je ne voudrais pas être à leur place au moment de rendre des comptes.

Un jour, un monsieur d'une petite trentaine d'années est venu me voir. Il m'a serré la main pour me saluer. A cet instant, j'ai ressenti un courant glacial monter dans ma main. Cela m'a fait lâcher la sienne très vite. Bien que ne croyant en rien, avait-il tenu à me préciser, il venait sur les recommandations d'un collègue. Il a ajouté, qu'en fait, il ne savait plus vers qui se tourner. Il était tombé malade, au point d'avoir besoin de prendre des antidépresseurs, anxiolytiques, somnifères, prescrits par son médecin. C'était la première fois qu'il tombait malade, m'avait-il expliqué.

- Je suis un grand sportif, j'ai toujours eu une très bonne santé.

Il m'a raconté l'histoire qui suit. En vacances à Haïti, il avait participé, par curiosité, à une cérémonie appelée cérémonie Vaudou, ce qui l'avait fait bien rire, avait-il tenu à ajouter. Toutefois, depuis qu'il était rentré, plus rien n'allait dans sa vie. Il éprouvait une énorme fatigue physique. Tous les appareils tombaient en panne chez lui. Il avait eu un accident de voiture, une inondation dans sa cave, perdu à maintes reprises les clés de sa maison. Il se disputait sans cesse avec sa femme, alors que jusque-là c'était un couple a priori sans problème. Il n'avait plus aucune libido. Il avait toujours froid. Il faisait des cauchemars toutes les nuits. Ses amis le fuyaient et, pour couronner le tout, ses collègues, sans raison apparente, refusaient de le fréquenter. Et, surtout, ils évitaient bien de lui serrer la main pour le saluer. Un mal être profond s'était emparé de lui, accompagné de pensées morbides. Le collègue qui me l'avait envoyé lui avait dit qu'il ne voulait plus lui serrer la main car, à chaque fois qu'il le faisait, un froid glacial remontait jusqu'à son épaule et il avait beaucoup de mal à retrouver des sensations normales après l'avoir touché. J'avais pu le constater par moi-même ! Il pensait que c'était très étrange. Ce monsieur, en plein désarroi ne comprenait pas du tout ce qui lui arrivait. J'ai débuté la séance et j'ai fait comme je savais le faire, ou du moins, j'ai essayé.

Rien ne se passait comme à l'accoutumée. Dès que j'ai posé mes mains sur lui pour la prise de contact, j'ai, à nouveau, éprouvé ce froid glacial qui m'est remonté dans les bras. Je ne captais rien. J'avais un voile gris qui bloquait ma vue intérieure. Mes pendules ne tournaient pas. Même si je n'arrivais à rien, j'ai insisté. J'ai commencé à entendre des chuintements bizarres. J'avais beau appeler mes Accompagnants de tout mon cœur, rien ! Je me suis placée à sa tête pour vérifier s'il y avait des attaques psychiques. J'ai posé mes mains à distance, puis sur ses tempes.

Dès que j'ai posé mes mains, tout est allé très vite. J'ai vu, comme des tentacules sortir du haut de son corps, venir s'enrouler autour de mes mains, de mes poignets, de mes avant-bras ; tout cela dans une sensation de froid sidéral. Je n'arrivais pas à retirer mes mains. Je voyais ces tentacules poursuivre leur montée pour atteindre le haut de mon torse, mon cœur et atteindre ma tête. J'ai été prise d'une migraine fulgurante. J'ai aperçu, l'espace d'un instant, une sorte de face hideuse. Une odeur d'égout se répandait dans la pièce. Prise de panique, dans un effort intérieur intense, j'ai fait appel, du plus profond de mon âme, à mes Accompagnants, ainsi qu'à la toute-puissance de mes pierres, à la force du règne minéral. A cet instant, le monsieur a inspiré très bruyamment, comme s'il reprenait son souffle après avoir plongé sous l'eau et refaisait surface. Les tentacules se sont rétractées et, à mon grand soulagement, j'ai pu enlever mes mains. Je me sentais mal, très mal. J'avais des difficultés à respirer. J'avais cette sensation d'étau qui m'étreignait le cœur. La tête me cognait. J'avais la nausée. Je devais mettre un terme à la séance le plus vite possible. J'ai fait se relever le monsieur. Il m'a dit :

- Vous allez bien ? Vous êtes si pâle ! C'est moi qui vous ai épuisée ?

Lui, avait l'air mieux, disons plus serein. Il m'a demandé quand il devait revenir. Je lui ai conseillé de me rappeler car là, à cet instant, je ne lui ai pas caché qu'en effet, la séance avait été très éprouvante pour moi. A peine la porte refermée, je me suis écroulée dans le canapé de mon salon, en proie à de violentes douleurs thoraciques. J'avais l'impression d'être au bord de la crise cardiaque. J'avais des suées et, pourtant j'étais transie de froid. Je ne savais pas quoi faire et j'avais peur. Mon mari est rentré et m'a retrouvée dans le canapé, enveloppée dans une couverture. Je lui ai raconté ce que j'avais vécu. Il a appelé notre ami magnétiseur. Il ne pouvait me recevoir que le lendemain matin. Mais entre-temps, dès que possible, il allait me travailler à distance. Nous avons sollicité d'autres amis thérapeutes énergéticiens et expliqué la situation. C'est ainsi que quatre personnes ont travaillé sur moi le temps que je voie mon ami magnétiseur. Après plusieurs heures, j'ai éprouvé un mieux-être mais j'ai passé une nuit très perturbée. Le lendemain, chez mon ami magnétiseur, je lui ai tout raconté. Je me suis fait enguirlander comme il faut car, m'a t-il dit :

- A partir du moment où, quand tu lui as serré la main, tu as ressenti ce froid glacial, tu aurais dû refuser de faire la séance.

Je lui ai rétorqué que je ne me voyais pas dire à mon client :

- Vous me glacez le sang quand je vous serre la main, je ne peux pas vous prendre. C'était impossible pour moi.

Il m'a objecté que je devais apprendre à dire non, même si la personne en face ne comprenait pas. Plus facile à dire qu'à faire ! Il a confirmé mon intuition : j'avais été confrontée à une personne réellement envoûtée. Lorsque mon client a rappelé, j'ai dû lui dire que je ne pouvais pas poursuivre les séances avec lui. Il ne comprenait pas pourquoi. Sans semer plus de souffrance en lui, il devait entendre que je n'étais pas armée pour régler son problème. Je l'ai invité, et ce ne fut pas des propos aisés à tenir, qu'il devait, de toute urgence, aller voir un prêtre exorciste. Mon ami magnétiseur m'avait dit qu'il ne le recevrait pas. Je m'étais renseignée. J'avais pu avoir les coordonnées d'une personne compétente vers laquelle je l'orientais. Même si souvent (mais pas systématiquement), les énergéticiens, nous ne sommes pas appréciés par ces prêtres, je ne pouvais pas le laisser comme ça ! Mon client est resté un long moment silencieux et, même s'il ne comprenait pas, il acceptait ma décision. Je ne sais pas s'il a fait ce que je lui ai préconisé, je n'ai plus jamais eu de nouvelles de lui. Il a longtemps été dans mes prières. J'ai retenu la leçon.

J'avais besoin de comprendre ce qui m'était arrivé.

Pourquoi n'avais-je pas senti la présence de mes Accompagnants ? Aujourd'hui, je l'explique ainsi.

Cette « chose » venait d'une sphère, à vibration très basse. Elle s'était installée chez cet homme et en travaillant sur ce dernier, j'ai pu l'éjecter de son corps. Toutefois, en l'assainissant, la « chose » a jeté son dévolu sur moi. Cela avait été possible car je n'étais pas bien installée dans mon corps physique. J'étais

« anémiée » au niveau de l'amour de moi et de mon corps physique.

Le corps physique est le dernier et/ou le premier - suivant où l'on se place - à englober tous les autres, ce n'est pas pour rien. Son rôle est fondamental pour vivre sur notre planète. Il est notre armure sur terre.

Une personne bien installée à l'intérieur de son corps physique rayonne une énergie équilibrée créant un territoire énergétique protecteur appelé armure de lumière.

A cette époque de ma vie, je n'étais pas assez solide en moi : ma protection personnelle était fragilisée. Je n'étais pas en mesure de faire en sorte que cette nocivité retourne dans ses bas plans ou soit transmutée par la Force d'Amour.

Et mes Accompagnants ? Pourquoi n'étais-je pas parvenue à les ressentir ? Pourquoi ne m'étais-je pas sentie soutenue mais plutôt abandonnée ? Ils étaient là ! Mais voilà, j'avais été aspirée dans des vibrations si basses, à cause de ma peur... que je m'étais coupée de leur présence, de leur aide. Ils sont des passeurs de la

Force d'Amour, du ciel vers la terre. Il faut pour cela que la personne ne coupe pas ou ne soit pas coupée de son lien au plan lumineux. Comme je n'étais pas stable, je n'arrivais pas à maintenir le lien. C'est quand je me suis reliée à la terre, au règne minéral, par mes pierres que ma vibration a repris sa force, son poids, sa densité adéquate ; unique solution pour que la « chose » lâche. Pour tout assainir, les thérapeutes sollicités travailleraient sur moi durant quelque temps encore, afin que je me rétablisse complètement. J'allais devoir, un jour, prendre soin en conscience, de mon enveloppe terrestre, comprendre vraiment le processus d'incarnation, ce qui était loin d'être le cas à l'époque.

Et un jour, cette première dame que j'avais reçue, m'a envoyé une amie dans la tourmente. Elle a fait appel à moi et, à son tour, m'a envoyé une autre amie et ainsi de suite.

Nous étions fin mille neuf cent quatre - vingt - dix - sept, début mille neuf cent quatre - vingt - dix - huit. J'avançais toujours un peu plus chaque jour dans la pratique. Je m'étais installée un étage plus haut dans la maison, puisque nous avions réalisé des travaux dans les combles pour installer les chambres des enfants. J'avais donc mon lieu pour recevoir. Certes, au cœur de la maison, juste en dessous de la chambre de mon fils aîné, ce qui n'était vraiment pas idéal, Trop de miasmes peuvent stagner voire se promener dans la maison. Même si je pratiquais des nettoyages intensifs et réguliers des lieux, de moi-même, ma famille en faisait parfois les frais. Le cabinet séparé cloisonne vie privée et vie publique. Vous devez penser que c'est évident mais beaucoup de thérapeutes énergéticiens commencent leur pratique chez eux par facilité ou manque de moyens. Dès que cela serait possible, il faudrait que j'envisage de travailler en dehors du foyer, en attendant, je devais faire avec, m'adapter.

Bâtir sa pratique jour après jour

Je suis entrée dans la pratique de la Lithothérapie de manière totalement empirique bien qu'accompagnée et guidée.

Afin de construire mon métier, j'ai décidé de faire des fiches. Le but de ces fiches était, d'une part, d'avoir un fil conducteur sur la personne d'une séance à l'autre ; d'autre part, de pouvoir me libérer de la séance pour passer à autre chose ou à quelqu'un d'autre. Je me disais qu'un jour, ces notes me permettraient de mieux comprendre, d'approfondir l'activité dans laquelle j'étais en train de me lancer. J'espérais y trouver des éclairages plus tard, ce qui s'est avéré très utile, très vrai.

Structurer le processus est incontournable. « En plongeant » ainsi si je puis dire, j'allais être confrontée, sur le terrain, à tout ce qui concerne la future installation d'un cabinet : statut de travailleur indépendant, la relation client-thérapeute et ses enjeux. Ce que je n'avais absolument pas anticipé, naïve que j'étais !

Je découvrirais de surcroît que travailler en Lithothérapie amplifie tout le système d'apport et d'échange énergétiques.

Il y a, en effet, une convergence des flux de l'énergie : entre l'énergie propre du thérapeute, celle de la Source à laquelle il est relié plus l'énergie des minéraux sans oublier celle de la personne qui consulte.

L'objectif idéal à l'issue d'une séance serait que tous ces flux d'énergie se conjuguent pour amener la personne à son unité ce qui est un long processus.

En individuel, le travail de la pierre se fait en fonction de l'ouverture, du seul rythme de la personne. Cela peut paraître plus ou moins lent selon la sensibilité de celle-ci mais fonctionne très bien juste plus calmement.

Empathie - Sympathie

Parmi tous ces apprentissages au quotidien, un me paraît fondamental à mettre en place dès le départ : faire la différence entre sympathie et empathie.

Avec la sympathie, vous vous attachez à la personne au sens énergétique. Des cordons d'énergie se nouent entre vous. Vous perdez cette distance thérapeutique nécessaire pour l'accompagner. Vous ressentez, jusque dans votre corps physique, les symptômes de la personne ; ce qui n'est pas juste. Vous participez à sa joie, à sa douleur. Avec la sympathie, le travail se transmet bien souvent du plexus solaire soignant - soigné. Autrement dit, c'est l'égo qui travaille. Bien que l'égo ait sa fonction, il ne doit pas prendre toute la place dans l'accompagnement d'une personne.

Avec l'empathie, vous ressentez sans vous lier. Vous êtes alors un accompagnateur, un thérapeute compréhensif, aimant de la personne et des évènements. Il y a un profond respect du libre arbitre de l'autre, d'où non absorption de ses problèmes.

Avec l'empathie vous gardez la bonne distance, le travail se transmet à partir du plexus cardiaque.

J'apprendrais à vivre la parole de Jésus : Aime ton prochain comme toi-même. Non pas plus ou moins que toi-même. Là aussi, je devrais y remédier !

Je poursuivais avec tout ce que j'avais mis en place accompagnée de mes quartz translucides (cristaux de roche).

Un jour, en les observant de près, je constatais qu'ils n'avaient pas tous la même forme géométrique, en particulier au niveau des facettes de terminaison.

J'ai décidé de m'y pencher plus avant, afin de comprendre. J'ai posé un cristal de roche, la nuit, sous mon oreiller. Chaque fois que je le pouvais, je méditais avec ce cristal pendant la journée.

Je voulais savoir si leurs différentes formes revêtaient une quelconque importance.

J'ai découvert que oui.

Comme toujours, lorsque je poussais une porte, la réponse dans la matière ne se faisait pas attendre.

Ma découverte me fut confirmée par un livre écrit par Mère Aurore « Initiation à la Vie Divine » aux Editions du Cesnot.

Le livre n'étant plus édité, j'avais pu me le procurer par un ami qui m'en avait fait une copie.

Cette lecture est venue conforter ma découverte à l'égard des cristaux de roche. Ils revêtent une fonction particulière. Ils s'apparentent pour moi à des « guides ». Il faut les traiter avec le plus grand respect. J'aime les comparer à des « maîtres enseignants ». J'en ai dénombré, comme Mère Aurore, quatorze différents.

Celui avec lequel je travaillerai le plus et que je conseillerai le plus, est le quartz fantôme. Il se distingue de façon singulière avec ses inclusions. Certains spécimens présentent divers fantômes superposés, marqués par des chlorites vertes ou brunes, déposées successivement lors des étapes de croissance du cristal. Il est d'un grand soutient pour la personne confrontée à des problèmes fondamentaux, graves, sérieux, personne en pleine transformation, qui doit opérer de profonds changements.

Peu de temps après la découverte du rôle des différents quartz translucides, je découvrais dans une bourse aux minéraux, un cristal dit « médium » avec des inclusions en forme d'ailes de papillons. Époustouflant ! J'en étais plus que fière. J'aimais le montrer. Une pure merveille de dame nature !

Un jour, une jeune femme est venue me voir. La trentaine, longiligne, élancée, le teint diaphane et les cheveux blonds, de profonds cernes sous les yeux. Son nom n'était pas banal et je ne pense pas qu'elle me tiendra rigueur de la nommer car, depuis, elle s'est mariée et porte le nom de son mari. Elle s'appelait Mademoiselle Lapierre. Ça ne s'invente pas ! L'objectif de sa venue chez moi était la souffrance dans laquelle elle errait depuis ces dernières années car, selon ses propres mots, elle ne trouvait pas son chemin sur terre. À peine ai-je commencé à travailler, qu'elle s'est mise à tournebouler sur elle-même au point de se retrouver par terre. Au passage, elle avait fait tomber les pierres posées et elle se tordait comme un asticot, vociférait des paroles incompréhensibles. J'ai senti monter en moi l'exaspération, la colère et la panique. À cet instant, j'ai porté mon regard sur mon quartz papillon, je les ai appelés à mon secours lui, et mes Accompagnants. Voilà ce que j'ai entendu :

- Ne t'inquiète pas. Écarte-toi, attends que cela passe, ne dis pas un mot. Ne te laisse pas emporter par la colère ni impressionner. Tu ne crains rien, tu n'es pas seule, La Lumière t'accompagne.

J'ai obéi. La crise passée, elle a fondu en larmes ; un torrent de larmes...Une fois apaisée, je lui ai proposé qu'on en reste là, si elle était d'accord. Elle a accepté et a déclaré qu'elle ne voulait pas parler. J'ai respecté son silence. J'ai mis un terme à la séance. Nous avons convenu que nous en reparlerions lors de notre prochain rendez-vous. Elle a accepté. J'ai pensé que je ne la reverrais jamais. Mais, je l'ai revue ! Et lorsque je lui ai ouvert la porte, j'ai compris que je n'avais plus du tout affaire à la personne que j'avais rencontrée la première fois. C'était comme si elle était revenue d'entre les morts. La métamorphose qui s'était opérée en une seule séance m'a laissée abasourdie. Nous avons parlé de ce qui était arrivé ce jour-là, lors de cette séance mémorable.

Lors de notre dernier rendez-vous, mon quartz papillon s'est adressé à moi, de sa douce voix cristalline :

- Catherine, elle doit repartir avec moi.

Des larmes que j'avais bien du mal à contenir me sont montées aux yeux. Comment pouvait-il me demander cela ?

- Tu dois m'offrir à elle, disait le cristal.

Hors de question ! J'ai pratiqué la séance et ai fait la sourde oreille à la demande de mon quartz. Au moment de refermer la porte derrière elle, l'injonction s'est faite plus ferme :

- Elle doit repartir avec moi ! Personne n'appartient à personne !

J'ai demandé à ma cliente d'attendre un instant et, le cœur déchiré, je suis allée chercher mon beau quartz et le lui ai offert. Je lui avais raconté son histoire et son intervention, elle a refusé avec véhémence. Je lui ai expliqué la demande de ma pierre et je l'ai suppliée d'accepter très vite car la séparation d'avec lui était par trop douloureuse. Elle est partie, a emporté mon beau cristal. Mon travail avec elle était terminé. Le détachement fait partie de la vie.

Quelques années plus tard, j'ai reçu un courrier de cette jeune femme. Elle s'était mariée, avait eu un enfant et était devenue Lithothérapeute. Elle avait utilisé le quartz papillon jusqu'à ce qu'il finisse, un jour, par mourir. Elle avait pris soin de le rendre à dame nature…

Géométrie cristalline

Dans la continuité de mon travail avec les quartz, j'allais être confrontée à une situation qui me ferait découvrir la géométrie cristalline…

Arrive à mon cabinet, une dame replète, de petite taille, aux cheveux mi-courts ondulés. Le teint grisâtre, le visage fripé, les yeux cerclés de fatigue. Quand elle a fait état de son activité professionnelle, j'avoue être restée muette. Elle était neuropédiatre. C'était la première fois que j'avais en rendez-vous un médecin, spécialiste, chef de service de surcroît !

Elle m'a raconté l'histoire suivante :

Cinq ans auparavant, elle était en vacances avec son mari et ses enfants. Ils logeaient dans leur caravane et les vacances se déroulaient bien. Elle m'a dit qu'elle aimait les choses simples, le grand air, les balades dans la nature. Une fin de matinée, alors qu'elle était seule dans sa caravane, que chacun vaquait à ses occupations à l'extérieur, et qu'elle préparait le repas de midi, elle avait dû grimper sur un tabouret à la recherche d'un ingrédient dans un placard - elle était de petite taille. Elle m'a expliqué qu'elle était très souvent absorbée dans ses pensées, qu'elle faisait les choses un peu machinalement, sans réelle présence à l'instant. C'est alors que soudain, sa fille âgée de huit ans, de nature espiègle, avait surgi et lui avait fait « bouh ! ». Elle avait voulu faire une farce à sa maman qui ne l'avait pas entendue arriver. Cette dame avait sursauté si fort, que le sommet de son crâne était venu heurter le plafond de la caravane, entraînant une chute et une perte de connaissance. La petite avait hurlé. Son père, qui, par chance, était de retour s'était précipité. Ne parvenant pas à réanimer sa femme qui avait une plaie qui saignait beaucoup, il avait appelé les secours. Elle avait été hospitalisée quelques heures, soignée et l'incident était clos. Apparemment plus de peur que de mal, les vacances avaient pu se poursuivre.

- Toutefois, m'avait-elle raconté, force a été pour moi de constater que je ne me sentais plus tout à fait moi-même après cet incident. Je me sentais bizarre mais je n'en ai rien confié à personne. Dans les mois qui suivirent, sont apparus de nombreux symptômes comme des migraines, des nausées, des vertiges, des pertes de mémoire. De déprime aussi et de désintéressement de la vie en général.

Compte tenu de sa profession, elle avait décidé de consulter un confrère pour faire le point. Peut-être ce traumatisme avait-il eu des conséquences plus graves. Elle avait réalisé un bilan complet avec de nombreux examens qui n'avaient rien révélé et tout semblait normal. Le temps passait mais les symptômes persistaient. Au final, elle avait été orientée vers des confrères psychiatres. Elle s'était retrouvée dans la spirale infernale des antidépresseurs, anxiolytiques et somnifères durant plus de deux ans. Puis, elle avait entrepris une psychothérapie afin de se sevrer des traitements donnés, pour enfin se tourner vers des médecines moins conventionnelles. Malgré tout le chemin parcouru, certains symptômes ne disparaissaient pas, avait-elle tenu à souligner :

-   Bien qu'ayant un esprit cartésien, je suis prête à tout pour m'en sortir, car je n'en peux plus.

Et c'est ainsi qu'elle était arrivée jusqu'à moi.

Avec la pratique acquise, je savais qu'une personne qui faisait les frais d'un très gros traumatisme ou, comme dans son cas, d'un choc violent, d'une peur extrême, les corps énergétiques pouvaient se retrouver projetés en dehors du corps physique. C'est donc ce que je lui ai expliqué J'ai vérifié ce qu'il en était. Je me suis placée derrière elle. J'ai constaté que je ne trouvais ni l'aura, ni les différents corps dans son périmètre latéral mais largement au-dessus de sa tête. Pour imager mes propos, c'était comme si elle avait eu les pieds au niveau des épaules ; une grande partie de ses corps s'étaient étagés, au-dessus d'elle. Il était clair qu'elle ne pouvait pas se sentir bien. Je lui demandais de s'asseoir, afin de proposer une réintégration tout en douceur de ses corps énergétiques, avec son accord. Mais elle a commencé à s'agiter sur sa chaise, la respiration saccadée, au bord de l'évanouissement. Nous avons fait une pause et j'ai décidé de la travailler en position allongée. A ce moment-là, mes Accompagnants m'ont proposé de travailler différemment. J'ai été conduite à poser des cristaux de roche autour d'elle, dans un rythme tranquille. Je lui demandais si elle se sentait bien au fur et à mesure que je les posais. Je devais procéder avec une grande douceur. La séance terminée, elle s'est relevée, fatiguée, un peu brassée mais ça allait. Nous avions convenu de rester en contact, si besoin, jusqu'à la prochaine séance.

Trois semaines plus tard, lorsque j'ai ouvert la porte, elle m'a dit avec un grand sourire :

-    Je me sens ressuscitée !

J'étais très émue et heureuse pour elle. J'ai constaté à quel point la lithothérapie était un outil formidable. Je l'ai revue une troisième et dernière fois, puis elle est repartie dans sa vie. J'ai appris par la suite qu'elle s'était réorientée d'une façon drastique dans sa vie professionnelle et que tout allait bien. Je découvrirais plus tard dans les livres que ce que mes Accompagnants m'avaient proposé de faire s'appelle « la géométrie cristalline ». Cette méthode, que je travaillerais dans le temps, s'avérera bien plus complexe qu'il n'y paraît, mais offre de nombreuses possibilités d'accompagnement, tout en apportant une grande protection à la personne. Cela la place dans une sorte de « tunnel protecteur ». On peut y ajouter des pierres de couleur, ce qui, pour moi, viendrait par la suite puisqu'à cette période, je ne travaillais encore qu'avec le quartz.

Apprendre, encore et toujours

J'avais à cœur de tout dire, sans aucun filtre, par unique souci de vérité et d'authenticité. J'essayais de toute mon âme de n'être qu'« un bon tuyau » par où passait l'information.

Mais j'allais comprendre que « toute vérité n'est pas bonne à dire ». Les personnes prennent ce qu'elles peuvent prendre ; ce qui est bien normal. Tout dire, notamment en ce qui concerne les Êtres qui accompagnent, c'est prendre le risque qu'on vous regarde comme une personne, soit anormale et/ou dotée de pouvoirs extraordinaires, soit magicienne ou sorcière.

Il y a aussi un phénomène difficile à gérer, car lorsque vous avez une sensibilité comme la mienne, vous ressentez les pensées des autres, sur le plan énergétique et vous pouvez être sollicité consciemment ou inconsciemment par la personne, de jour comme de nuit.

Vous portez aussi une énergie qui favorise des situations relationnelles sympathiques, drôles, ubuesques ou vous pouvez vous faire agresser verbalement, physiquement sans raison apparente ; ce qui m'est arrivé.

Quand mes enfants pensent à moi, par exemple, je le sais tout de suite parce que leurs pensées résonnent en moi, dans mon corps, au niveau du cœur. Alors là, rien de grave, je gère. Il en va de même pour les personnes qui m'envoient de belles pensées. Toutefois, imaginez les personnes mal intentionnées, dépendantes, en souffrance ; je gère aussi mais c'est franchement pénible.

Les personnes qui vous sollicitent, attendent tout de vous, lorsqu'elles n'ont pas acquis l'autonomie, l'unité, l'indépendance de leur être. Et puis gare à vous si vous vous trompez, si vous ne leur donnez pas ce qu'elles attendent.

Je me souviens de cette radiesthésiste qui était venue me consulter. A la fin de la séance, elle pensait m'avoir prise en faute, car je n'avais pas vu qu'elle était enceinte. Tout dans son attitude montrait sa défiance à mon égard face à ce qu'elle estimait être une énorme bévue, triomphante ; je m'étais fourvoyée !

L'objectif de sa visite n'avait rien à voir avec sa grossesse. Je m'étais contentée de m'en tenir à sa demande. J'avais bien vu qu'elle portait un enfant mais dans mon éthique je n'avais pas à me montrer intrusive.

Je m'étais abstenue de la questionner, même si je lui avais tendu des perches subtiles dans la conversation. A chaque fois, elle avait vite éludé. J'avais estimé que c'était de l'ordre de l'intime pour elle. Que si elle ne m'en avait pas parlé, c'est qu'elle avait ses raisons et je me devais de respecter sa décision. Je ne devais pas interférer dans son choix de taire cette maternité. J'estimais, ce qui est encore vrai aujourd'hui, qu'un thérapeute se doit de ne jamais, au grand jamais, être intrusif quand il n'y a pas de demande claire.

C'est la raison pour laquelle, bien que cette dame insistait beaucoup sur le fait que je « n'avais pas vu » sa grossesse, je n'étais pas entrée dans la discussion et encore moins dans une quelconque justification. Ceci avait coupé court à ses provocations, puis mis un terme à la conversation. Inutile de vous dire que je ne l'ai pas revue.

Je serai souvent sollicitée par des thérapeutes qui viendront me consulter pour me mettre à l'épreuve, pour tester mes compétences, mes capacités. Quand bien même, je serais passée à côté, ça arrive et ça m'est arrivé, nous ne sommes et ne restons que des humains faillibles. Les égos sont surdimensionnés dans nos métiers. J'estime, de mon côté, n'avoir de compte à rendre qu'à Là-Haut et à moi-même. Sans oublier, qu'il y a aussi le risque de se perdre soi-même en chemin, de se croire calife à la place du calife, d'imaginer être investi d'une mission pour, au final, se perdre en chemin. C'est l'image de la grenouille qui veut se faire plus grosse que le bœuf et qui explose.

Mieux vaut tourner sa langue vingt fois dans sa bouche avant de parler.

Ce jour-là, mon rendez-vous s'est présenté. C'était une dame d'une trentaine d'années, brune, aux cheveux ondulés. Son regard était empreint d'une grande tristesse. J'ai remarqué qu'elle était accompagnée d'une femme plus âgée ; ce qui n'était pas prévu. Surprise qu'elles soient deux, je me suis empressée de trouver une deuxième chaise. Je les ai donc invitées à entrer, me suis excusée et les ai priées de bien vouloir s'asseoir. Quand je me suis enfin posée, j'ai regardé   les dames qui étaient assises en face de moi. La plus jeune était toute pâle, je dirais même décomposée, je lui ai demandé :

-   Vous vous sentez mal ? Voulez-vous un thé sucré ?

Elle me regarde d'un air hébété, son menton se met à trembler, des larmes coulent sur ses joues.

-   Madame, pourquoi avez-vous apporté une deuxième chaise. Pourquoi avez-vous dit Mesdames prenez place ? Je suis seule. Si je suis venue vous voir, c'est que je viens de perdre ma maman, nous étions fusionnelles et inséparables.

Là, c'est moi qui me décompose, je me confonds en excuses, lui demande pardon.

Prendre le temps d'écouter, vraiment, avant de se lancer. Il fallait absolument que j'arrive à canaliser ce type d'information. J'avais encore du chemin à faire…

Les minéraux de couleur

J'allais découvrir qu'il n'y avait pas que les cristaux de roche…
Un homme qui avait l'habitude de consulter des thérapeutes
énergéticiens, lui-même pratiquait, en dehors de son activité
professionnelle, l'ostéopathie, la méditation, la musique et
participait à des groupes de réflexion et de prière, vient me voir.

Je fais ma séance comme à mon habitude sauf que cette fois-ci, à
la fin, il me fait une demande particulière.

- Ce qui serait bien, jusqu'à ce que l'on se revoie, c'est que
  je porte une pierre sur moi pour me soutenir dans le travail
  que j'engage avec vous.
- Ah ! Mais c'est que je ne travaille qu'avec des cristaux de
  roche, je n'ai pas l'habitude de conseiller d'autres pierres
  parce que je n'y connais rien.
- Eh bien vous m'avez expliqué que vous travailliez avec
  des aides, alors posez-leur la question, quelle pierre
  pourriez-vous me conseiller ?

Soit, je posais la question intérieurement :

- Vous avez entendu, ce monsieur souhaite porter une pierre entre les deux séances, qu'avez-vous à me conseiller, s'il vous plaît ?

J'entends « jaspe léopard ».

- Bon, j'ai reçu un nom « jaspe léopard ».

Voilà ce que je vous propose :

- Je note sur un papier pour vous comme pour moi le nom de la pierre. Chacun de son côté se débrouille pour la trouver. Si elle existe, vous la portez, moi de mon côté je procède de même. Nous en reparlerons lors de notre prochain rendez-vous, est ce que cela vous convient ?
Oui c'est parfait.

Comment allais-je m'y prendre pour trouver cette pierre ? Existait-elle vraiment ?

J'avais entendu parler d'une librairie ésotérique sur Poitiers. Je décidais donc de m'y rendre.

- Bonjour Madame, je suis à la recherche d'une pierre, en vendez-vous ?
- Non, je vends des pendules si vous voulez ?
- Non merci, ce que je cherche c'est une pierre appelée « jaspe léopard ».
- Non, je n'en ai pas, mais en revanche, j'ai un livre qui répertorie les minéraux.
- Ah il existe des livres sur les pierres ?
- Oui, j'en ai très peu, mais celui-là est sorti dernièrement, patientez je vais vous le chercher.

C'est ainsi que j'achetais un livre : « Nouveau dictionnaire des Pierres utilisées en Lithothérapie » par Reynald Georges Boschiero, aux Éditions Vivez Soleil qui me sera d'une très grande utilité.

Tout juste sortie de la librairie, sur le trottoir je me suis empressée d'ouvrir le livre. J'ai vu qu'il existait bien d'autres pierres que le quartz. Ce qui m'importait vraiment le plus à cet instant, était de voir si le nom de la pierre que j'avais reçu existait réellement, juste cette pierre et, oui, elle existait bel et bien ! Incroyable ! Maintenant, j'allais devoir me la procurer mais où ?

J'avais une amie qui vivait dans les environs de Niort. Elle était au courant de ce que j'étais en train de mettre en place. Je lui ai téléphoné afin de savoir si, à tout hasard, elle connaissait un endroit où je pourrais acheter des pierres. Elle m'a expliqué qu'elle avait entendu parler d'une boutique de pierres qui existait dans le centre-ville de Niort, qu'elle ne savait pas si elle existait toujours, qu'elle allait se renseigner et reviendrait vers moi pour me tenir au courant. Elle a mis peu de temps à me rappeler, pour me confirmer que la boutique existait toujours, en plein centre-ville.

J'ai donc décidé de m'y rendre sans préambule.

Je suis entrée dans cette petite boutique où, en effet, il y avait des minéraux divers et variés. J'ai ressenti comme chez Jean-Yves, cet enveloppement de douceur. J'étais bien au bon endroit. Derrière le comptoir, il y avait un monsieur qui s'affairait. Il m'a saluée, m'a demandé un instant. Je lui ai dit que j'avais tout mon temps. J'ai fait un petit tour devant les vitrines. Une fois disponible, il m'a demandé ce que je voulais. Je lui ai fait part que j'étais à la recherche d'une pierre nommée jaspe léopard.

Il m'a fixée droit dans les yeux, un regard clair. J'ai senti immédiatement que nous allions bien nous entendre, le courant passait comme on dit.

- Eh bien, eh bien, il est rare qu'on me demande une telle pierre. Puis-je vous demander pourquoi vous souhaitez vous procurer ce minéral ? Vous êtes collectionneur ?

Je lui dis ou je ne lui dis pas ? Allez vas -y !

- Eh bien, je débute dans l'accompagnement avec les pierres, il me la faut mais si vous n'en n'avez pas, peut-être auriez-vous une idée où je pourrais me la procurer ?

- Ah, c'est fort intéressant. Oui, j'ai déjà entendu dire que les pierres auraient une sorte de pouvoir. Moi je n'en sais rien. Ce que j'aime, c'est aller les chercher. Notre planète produit des choses vraiment magnifiques. C'est plus une passion, le reste… Comprenez bien, je ne suis pas fermé mais...je ne sais pas. Celle que vous voulez, je ne l'ai pas en boutique mais… Auriez-vous un peu de temps devant vous ?

- Oui, j'ai tout mon temps ce matin.
- Si vous m'accordez quelques instants, je vais aller voir dans ma réserve si j'en possède au moins une ; car vous comprenez, je ne peux pas tout entreposer ici, l'espace est trop petit.
- Ah super ! Je vais profiter pour continuer à admirer vos minéraux, si quelqu'un entre, je lui dirai que vous vous êtes absenté un instant mais que vous allez revenir.

Entendu, c'est très aimable de votre part.

Bien sûr, personne n'est entré dans la boutique durant son absence.

Il revint avec son petit trésor.

- Ça tombe bien, il m'en restait trois. Il les pose sur le comptoir afin que je puisse les admirer.
- Vous en avez une brute, les deux autres sont des pierres polies, au choix.

Mon choix s'est porté sur une des deux pierres polies. Comme c'était beau !

- Vous les achetez où toutes vos pierres ?
- Certaines, je vais les chercher moi-même dans d'autres pays, d'autres je les achète à des grossistes. Vous savez, il en existe de très belles aussi en France.
- En plus de celle-là, je vais vous en prendre d'autres.
- Avec plaisir ! Vous avez fait votre choix ?
- Oui, j'ai vu celle-ci, la rose, la noire, la violette et puis la bleue et ces cristaux transparents. Je vais arrêter là, mais je pense que je reviendrai.
- Très bon choix, un quartz rose, une améthyste, un lapis lazuli ainsi que des quartz translucides à une pointe et votre jaspe léopard.
- Les blancs là, comment les avez-vous appelés.
- Quartz translucides. Ce sont leurs vrais noms. Dans le langage populaire, on les appelle cristaux de roche, d'ailleurs, l'améthyste, là, en fait partie. Vous savez il existe un très grand nombre de cristaux de roche il y a des

familles dans les minéraux, ils ont été répertoriés et classés.

Oui, je le savais déjà que le vrai nom du cristal de roche était quartz translucide (j'apprendrais par la suite que le nom « savant » est quartz hyalin), mais avoir une confirmation d'un spécialiste des minéraux me confortait dans mon apprentissage.

Nous étions aux prémices d'une longue collaboration.

Je suis repartie avec mes trésors. Dès mon retour, j'ai rappelé mon client afin de savoir s'il avait pu trouver la pierre de son côté. Comme il ne la trouvait pas, je lui ai dit où se la procurer, en précisant qu'il appelait de ma part.

J'ai commencé à prendre contact avec mon Jaspe Léopard : le regarder longuement, le prendre dans mes mains ; le faire passer de la main droite à la main gauche et inversement, le goûter du bout de la langue - ce que l'on ne peut pas faire avec toutes les pierres - le mettre à mon oreille pour écouter puis le porter sur moi, plusieurs heures par jour, toujours dans le but de ressentir ce que sa présence me procurait.

J'écoutais l'enseignement de la pierre et de mes accompagnants, puis je notais sur un petit calepin mes ressentis. Je procéderais ainsi pour chaque pierre que j'allais découvrir au fur et à mesure des séances.

Au début, je me servais du livre, uniquement pour vérifier le nom des pierres. Par la suite, je prendrai le temps de le lire, mais bien plus tard. J'en lirai l'analyse que l'auteur en faisait.

Suite à la lecture, une fois de plus, je remis en doute mes ressentis. L'auteur avait l'air d'en savoir vraiment plus que tout ce que je savais. Ce qui me vaudra le silence de mes Accompagnants durant un temps. Je devais apprendre à leur faire confiance, à croire en moi, à tracer ma route sans douter.

Pour moi, aujourd'hui, les livres, ne sont que le reflet de l'expérience de celui qui l'écrit.

Toutefois, à cette époque ils étaient nécessaires. Je trouverais donc d'autres livres sur les pierres. Je m'en servirais pour croiser les résultats : les miens, les leurs, pour ne garder que les résultats convergents. Ce qui m'a demandé beaucoup d'expérimentation et de travail.

Toujours relativement seule dans ma démarche, excepté la présence de mes Lumineux, je me suis demandée nombre de fois si ce que je découvrais était juste mais je devais continuer d'avancer.

Exemples d'expérimentation :

Le quartz rose.

Aujourd'hui, plus qu'hier, tout le monde s'accorde à dire que c'est une pierre qui porte l'information de douceur et d'amour pour ne parler que des grands traits. Qu'il faut la placer sur le cœur pour en tirer tous ses bienfaits, que tout le monde peut la porter sans problème : adultes comme enfants.

Le quartz rose peut, selon la personne, au moment où elle le porte, en fonction de ce qu'elle vit, être extrêmement bousculée sur le plan émotionnel, se sentir plus accablée que soutenue, revenir vers vous en vous faisant part que, pour elle, c'est pire que mieux.

Conclusion : ce n'est pas parce que le quartz rose porte l'information de « douceur et d'amour » que la personne qui le porte est prête à la recevoir. Il en est de même pour toutes les autres pierres.

La rhodochrosite.

Deux amies se présentèrent à moi en m'exprimant la chose suivante :

- Nous sommes toutes les deux en phase ménopausique. Toutefois, me dit la première, je porte une rhodochrosite car j'ai lu dans un livre que ça soulageait les bouffées de chaleur. J'en ai acheté une à mon amie parce qu'elle aussi a des bouffées de chaleur. De mon côté, j'ai constaté qu'elles ont quasi disparu.
- Alors que moi, me dit la seconde, non seulement elles sont toujours là mais j'ai même l'impression que c'est pire depuis que je la porte.

Et toutes les deux de me demander comment cela se faisait.

Pourquoi une situation similaire, des résultats opposés ?

Parce que le minéral n'est pas de l'aspirine ! comme le dit si bien Virginia Cavalcanti.

Ces deux dames étaient certes toutes les deux en phase ménopausique avec beaucoup de bouffées de chaleur, mais elles n'avaient pas le même parcours de vie.

En Lithothérapie, il est fondamental de tenir compte du parcours individuel, afin d'en faire une synthèse dans le but de conseiller la ou les pierres les plus adaptées à la problématique du moment.

S'il suffisait de porter une pierre pour régler les problèmes, il y a longtemps que je me serais mise devant la porte de ma maison pour en distribuer à tout un chacun.…

Approfondissement des minéraux de couleur

En travaillant avec les pierres de couleur, j'allais constater que certaines, comme les petites pierres roulées qui ont parcouru un long chemin avant d'arriver sur les étals, après un temps, s'opacifiaient, se fendillaient, se couvraient de taches, s'émiettaient. Il fallait que je trouve un moyen pour en prendre soin.

Le travail énergétique impacte les minéraux. C'est un règne vivant tout comme le reste. Lorsque je ne prends pas soin de mes plantes à la maison, elles meurent, les pierres aussi !

Dans tous les livres de Lithothérapie on vous en parle et c'est juste, jusque dans une certaine mesure. Nettoyer et purifier les minéraux s'avère indispensable. Certaines absorbent les énergies mais pas toutes. Cependant, il faut garder son bon sens.

Oui, parfois la pierre va jusqu'au bout, dans ce cas on la remercie et on l'enterre.

Prendre soin de ses pierres.

Comme le veut mon tempérament, j'allais à peu près tout essayer comme méthode de nettoyage et de purification. J'opterai pour une méthode simple, pragmatique ayant fait ses preuves.

J'ai conseillé la méthode suivante : le gros sel non iodé, non fluoré versé dans une soucoupe sur laquelle je pose une tasse, dans laquelle je mets mes pierres à nettoyer, une heure pas plus, puis je rince à l'eau courante celles qui peuvent passer sous l'eau. Il est évident que les pierres métalliques ne sont pas concernées ainsi que d'autres pour leur composante trop fragile à l'eau. Aux thérapeutes de le préciser.

Aujourd'hui, ce que j'en pense : quelle que soit la méthode, le plus important est de le faire en toute confiance, être convaincu, n'avoir aucun doute sur la méthode utilisée. Procéder dans un profond amour, sans jamais omettre de remercier le règne minéral, ses petites mains invisibles qui ont participé à son élaboration. Idem, quand on la passe sous l'eau, remercier les entités de l'eau.

Pour ce qui est de la pleine lune, ça me fait toujours sourire. Les sortir oui, si ça vous fait plaisir, mais je vous rappelle que lorsque vous êtes au fond de votre lit, qu'il y a une pleine lune, vous êtes impactés quand même, enfin certaines personnes, d'autres seront plus sensibles à la nouvelle lune. Les minéraux nichés dans les volcans, les montagnes reçoivent les rythmes de la lune là où ils sont… donc chacun fait comme il le sent.

Personnellement, j'ai rajouté un processus, la consécration : je prends mes pierres une par une, je crée un lien conscient de mon cœur avec chacune d'elles afin de les remercier de leur accompagnement.

On peut aussi programmer une pierre afin qu'elle vous aide sur un sujet précis. Cela peut être utile mais en revanche, je n'ai jamais programmé mes pierres pour le travail. Je les laisse transmettre leur information.

Je préfère taire les détournements pratiqués avec la programmation.

Le client au jaspe léopard revint et nous avons échangé sur les ressentis de cette pierre.

J'ai d'abord écouté ce qu'il avait à me dire, comment il avait vécu le fait de porter cette pierre sur lui. Il avait constaté retrouver une plus grande stabilité émotionnelle, plus de joie de vivre. Il se sentait plus léger, moins angoissé.

Sur mon calepin, j'avais noté de mon côté, joie, spontanéité, apaisement, plus grande énergie physique, plus de vitalité, je lui en fis part.

Nous étions heureux de voir que nous étions sur la même longueur d'onde quant aux ressentis.

Pour information : le Jaspe Léopard, peu connu du grand public encore aujourd'hui, appartient à la très grande famille du Jaspe. On en dénombre pas moins de cinquante variétés aux couleurs et motifs différents, il porte l'information, la plus importante, de l'apaisement émotionnel.

Chaque fois que je terminerai ma séance, je demanderai quelle pierre la personne devra porter. Je recevrai un nom dont je vérifierai l'existence dans le dictionnaire. C'était toujours le cas. Je la conseillais alors et l'achetais de mon côté pour en connaître son usage. Je prenais toujours le soin et le temps d'investiguer les informations dont elle était porteuse.

J'allais faire l'acquisition d'un nombre important de minéraux de couleurs mais ce n'était toujours qu'avec le « feu vert » de mes Accompagnants que je les utilisais.

Je les disposais dans ma pièce, j'attendais que mes Accompagnants me disent :

- Prends telle pierre et/ou telle pierre pour cette personne, pose-là sur tel chakra ou à tel endroit.

Au début, entre les séances, je ne conseillais qu'une pierre. Par la suite, il s'avéra utile d'en conseiller plusieurs selon les cas ; entre une, voire pour certains cinq, mais jamais plus. C'est le plus souvent deux.

Rien ne sert de ressembler à un sapin de noël. Toujours dans le même principe, ce n'est pas parce que vous allez porter mille pierres que les choses avanceront plus vite.

Comme je dis toujours :

" On ne tire pas sur une marguerite pour la faire pousser !"

J'ai vu arriver un monsieur qui portait huit pierres sur lui. Elles étaient chacune dans un petit sac noir bien opaque avec un cordon - les effets étaient quasi nuls - il les portait en bandoulière, quatre d'un côté, quatre de l'autre. Il s'étonnait que son état ne s'améliore pas.

__Surprenant règne minéral__

Je commençais à posséder un bon nombre de pierres. Je les posais donc toutes ensembles sur la même table. J'avais pris l'habitude, chaque fois que j'avais une nouvelle pierre de la « présenter » aux autres avant de la poser à leur côté.

- Bonjour, je vous présente Cordiérite, elle va travailler avec nous maintenant.

Oui, je sais mais que voulez-vous, c'est mon côté enfant !

Un jour que j'avais acheté une nouvelle pierre, je n'avais pas pris le temps de faire mon petit laïus, lorsque j'entendis :

- Bonjour, t'es qui toi ?

Oups, je fis donc les présentations mais je gardais cela pour moi, franchement qui me croirait ?

Nous sommes d'accord, les pierres ne parlent pas. Elles communiquent, comme on sait aujourd'hui que les arbres communiquent entre eux. Mon intuition capte leur dialogue, mon cerveau le retranscrit par image et/ou par mots.

J'ai accompagné et formé une jeune femme visiblement équipée pour un jour devenir Thérapeute Énergéticienne, si c'était ce qu'elle désirait vraiment. Puis je ne l'ai plus revue durant quelques mois.

Elle m'a recontactée, après s'être lancée elle aussi dans la Lithothérapie. Elle m'a demandé si j'accepterais qu'elle me fasse une séance avec ses pierres. J'ai accepté volontiers car depuis Jean-Yves, je n'avais pas reçu de soins en Lithothérapie. J'étais très heureuse qu'elle me le propose, curieuse de voir comment elle allait procéder, quel impact cela aurait sur moi.

En arrivant, elle m'a demandé où poser ses pierres. Je lui ai dit que j'allais faire un peu de place sur ma table, qu'elle n'avait qu'à les poser sur l'espace que je faisais, à côté des miennes.

Tout à coup elle est partie dans un grand éclat de rire, étonnée, je lui ai demandé ce qu'elle avait.

Elle m'a dit :

-   Excusez-moi mais vous n'allez pas me croire ?
-   Dites toujours.

- Eh bien, c'est une vraie cacophonie, vos pierres demandent aux miennes qui elles sont ? Enfin, vous me comprenez, je traduis.

- Oui, oui, je vous crois. C'est vrai que d'habitude lorsque je pose une nouvelle pierre sur la table, je fais les présentations. Là, je n'ai pas cru bon vous en parler mais sachez que je ne suis absolument pas surprise de ce que vous me dîtes et de lui raconter ce que j'avais vécu.

La couleur des minéraux, la couleur des chakras, la couleur de l'aura

Dans la pratique de la Lithothérapie, si vous possédez une cinquantaine de minéraux que vous avez étudiés avec sérieux, vous êtes largement équipé pour faire votre travail. C'est mon avis. Cela n'engage que moi.

Je travaillais donc avec un ensemble de quartz et de minéraux de couleurs. Toutefois, force fut de constater que contrairement à ce que je découvrirais dans les livres, les pierres de couleur que mes Accompagnants me faisaient poser sur les chakras ou ailleurs n'étaient jamais en adéquation avec ce que j'avais pu lire.

Par exemple, s'il s'avérait nécessaire de poser une hématite sur le cou puis de la conseiller pour poursuivre le travail démarré en séance, j'obtempérais sur les conseils de mes Aides.

Dans les livres, on vous explique qu'à chaque chakra correspond une couleur, qu'il est indispensable d'appliquer une pierre de couleur similaire pour rétablir l'équilibre. Pour imager mes propos, poser une citrine (pierre jaune) sur le chakra solaire car il vibre dans le jaune. J'avais donc un problème puisque ce n'était pas du tout ce que je faisais.

Je serai confrontée aux remarques de certaines personnes me soulignant que je n'appliquais pas la bonne pierre en fonction du chakra. Je devais souvent leur demander de bien vouloir me faire confiance, sans avoir les arguments à l'époque, hormis le fait que j'obéissais à mes Accompagnants, ce qui calmait un peu les choses.

Mes Accompagnants m'ont aussi appris que, lorsque l'on utilise une pierre verte comme l'Émeraude par exemple, on travaille aussi avec sa couleur complémentaire au niveau vibratoire, à savoir le rouge, ce qui a son importance.

Après douze ans de pratique, je recevrai la confirmation de toute mon expérience grâce au livre de Mickaël Gienger « Manuel de Lithothérapie » ou l'art de soigner avec les pierres aux éditions Véga :

« Les couleurs des minéraux ne sont pas équivalentes aux couleurs des chakras humains et de l'aura »

D'après mon expérience, il n'y a pas qu'une aura mais autant d'auras que de corps, ainsi qu'une trame de fond colorée comme un « tissage », reflet du parcours de l'Être.

Mickaël Gienger explique :

« Nous sommes la source lumineuse de nos chakras, de nos auras, de nos corps et de notre Être. Ces couleurs sont des rayonnements libérés en nous par des processus intérieurs et la couleur des pierres n'influent en rien sur la couleur des chakras et de l'aura. Les rayons de couleurs issus d'une source lumière (notre corps) et les couleurs réfléchies par un corps (les pierres) correspondent à deux phénomènes différents. La pierre rayonne inexorablement toujours la même information sous sa forme liée à sa formation, son système cristallin, aux substances minérales et à sa couleur et couleur complémentaire. La pierre posée sur la peau va émettre son énergie, sa lumière et son information pour entrer en communication avec nos cellules, notre propre énergie et notre lumière ce qui va entraîner des réactions. Les chakras sont des relais de l'énergie inhérente à notre corps et notre Être. »

Hormis tous les aspects que j'ai écrits plus haut sur les minéraux, plus ma formation avançait, plus je me rendais compte à quel point la Lithothérapie est bien plus qu'un simple « caillou » porté sur soi.

Toute vie sur terre existe dans un échange énergétique constant avec tout ce qui nous entoure.

Petit exemple que tout un chacun a au moins vécu une fois dans sa vie :

Votre radio est branchée, vous entendez votre chanson préférée, vous passez tout près et tout à coup la radio se brouille. Notre rayonnement entre en interaction avec les ondes diffusées.

J'avais compris qu'une pierre portée agissait en émettant ou réceptionnant l'information dont elle est dotée, tout autant que la personne porteuse elle aussi d'informations, d'où échange entre les deux. Sachant que la pierre émet toujours la même information et qu'il y a un principe actif au cœur de la pierre apporté par les métaux qu'elle contient.

Bien sûr, il n'est pas nécessaire de connaître tous ces processus mais sachez que l'alchimie opère si vous vous ouvrez en confiance et avec amour !

C'est pourquoi je suis convaincue que la Lithothérapie entre dans les thérapies de l'information comme l'homéopathie, les fleurs de Bach ...

Le livre de Mickaël Gienger sera pour moi une libération.

Il faut comprendre que mon parcours atypique d'autodidacte a suscité, c'est vrai, de l'enthousiasme, des encouragements...Mais j'ai aussi été confrontée à la dérision, la critique, la remise en cause et parfois, même, à de la méchanceté. Je n'avais pas étudié, pas eu de diplômes ; cela m'a affectée un temps, puis petit à petit, je me suis détachée de tout cela.

Bien avant la découverte de Mickaël Ginger, j'ai appris que Reynald George Boschiero organisait un stage à Tours, moi qui avais acheté son livre au tout début de mon aventure, pris enfin le temps de le lire, j'ai donc décidé d'y participer.

Stage très décevant. Le premier jour a consisté en la vente et en la lecture du début de son livre. Je me suis interrogée sur le fait d'y aller le deuxième jour mais j'avais payé, il n'était pas question de ne pas finir ce stage.

Le deuxième jour a consisté à tester des pierres sur soi. Ses pierres à lui. Nous devions nous les passer d'une personne à l'autre, sans nettoyage entre, bien sûr. Avec le nombre de personnes présentes, avec chacune ses problématiques, il n'était pas question pour moi de procéder de la sorte.

Je me suis permis de lui en faire la remarque. Il m'a fait cette réponse :

- Ah oui, eh bien vous allez quelques instants dehors, vous mettez la pierre à la lumière, ça ira.

J'ai décidé de prendre une pierre que j'ai conservée toute l'après-midi. Je n'avais pas du tout envie de m'essayer à d'autres déjà portées, sans vrai nettoyage au préalable.

Au final, je suis passée pour une enquiquineuse car je posais beaucoup de questions, trop, ce qui l'agaçait. J'ai décidé de me taire.

Je suis rentrée chez moi, dépitée.

Comprenez bien que, ce que j'explique ici, je l'ai vécu il y a fort longtemps, j'ose espérer que ce Monsieur a évolué dans sa manière de transmettre.

Je continuerai sur ma lancée, accompagnée, soutenue par les écrits de Mickaël Gienger avec lequel j'étais en accord.

Dans son livre, je découvrirai notamment, toute la part analytique de la pratique de la Lithothérapie, toute la composante physique du règne minéral. Cette approche m'a ouverte à la géologie, aux systèmes cristallins, aux substances minérales, métalliques, chimiques - ma fille aînée est Docteure en chimie, elle a donc pu m'éclairer sur ce point - et à la chromothérapie.

Comme j'avais pour principe de mettre en pratique ce que je découvrais, je   testais donc la pratique analytique de la Lithothérapie avec mes clients. J'allais de nouveau m'éloigner de mes Accompagnants. Je ne recevais plus d'informations sur les pierres pour les personnes. Je devais me débrouiller toute seule.

J'ai ressenti cela comme une punition. Puis j'ai compris que, dans leur immense amour, Ils m'avaient laissée libre d'approfondir ma soif de compréhension, de choisir définitivement la manière dont j'allais pratiquer.

Le fait est que je constatais que la Lithothérapie analytique était impossible à mettre en place dans mes rendez-vous.

Toutes mes expérimentations s'avéraient importantes, afin d'exercer dans la plus grande authenticité.

Certes je me répète, je martèle même, comme me dit une amie, mais c'est tellement important à mes yeux surtout quand je vois tout ce qui se diffuse sur les réseaux concernant la Lithothérapie. Cette pratique ne s'inscrit absolument pas, en aucun cas, dans le magique, la superstition, le fantasque ou je ne sais quelles autres fadaises.

C'est un merveilleux outil mais reste un outil, pour lequel j'ai un immense et profond respect.

J'adore les ouvrages de Roger Cailloix et sa vision du règne minéral, cela résonne si fort en moi :

« Le monde a commencé avec les pierres » « Il y a ciel, ombre, sève, spectre, souffle, volute, drapé, lumière, obscurité, fulgurance, sommeil, rythme, transparence, mouvement, abîme dans le paysage infini des roches. Dans son espace, la pierre n'est pas froide ni dure ni tranchante. Dans l'étroitesse de notre réalité elle le devient ».

Les pierres portent la mémoire de vie. C'est la dernière expression énergétique matérialisée du Divin. Elles contiennent absolument toute l'information à condition que l'on sache écouter pour comprendre. Pas de planète Terre, pas d'humain ! Les pierres sont des balises, elles vous aident à vous trouver, à vous incarner, à trouver votre chemin, ici, sur terre. Elles vous aideront à naître sur terre comme elles m'ont mise au monde !

Une nuit, j'ai fait ce rêve. Je marche seule, dans une contrée inconnue, faite de dunes de sable sous un soleil lumineux et ardent. Je vois s'approcher de moi un être tout de bleu vêtu, un peu comme un Touareg, il me demande de le suivre.

Nous marchons côte à côte dans ces dunes, lorsque derrière le sommet de l'une d'elles apparaissent toutes les pierres que je connais. Un immense jardin d'Éden, uniquement parsemé de pierres, nombreuses et variées, de toutes tailles et de toutes couleurs.

L'Être qui m'accompagne me dit :

- Tu reconnais, améthyste, quartz rose, jaspe rouge, pyrite, tourmaline noire, œil de tigre, citrine...

Chacune de ces pierres me salue à sa manière. Je reste scotchée, éblouie par tant de magnificence.

Je passe près de Quartz rose et j'entends :

- Tu sais, sur terre, nous ne sommes que des enveloppes, utiles mais pas indispensables. Tu dois comprendre que cela ne fait pas tout, là n'est pas l'essentiel. Ne t'accroche pas à notre apparence, ce qui compte, c'est ce qu'il y a au cœur de chacune d'entre nous, au cœur de chaque chose. Au bout du compte, nul n'a besoin de nous porter puisque nous sommes toutes nées de notre mère la terre. Elle nous porte en son sein, toi comme nous.

Nouveau millénaire

Puis, arriva le nouveau millénaire et son lot de bouleversements. Fin mille neuf cent quatre - vingt- dix- neuf, début deux mille, nous avons fêté la nouvelle année, comme tout le monde en France, bousculés par la tempête.

Notre maison a tenu bon, même si nous avions passé quelques nuits blanches les jours précédents, à prier notre gardien des lieux afin qu'il nous protège. Nos châtaigniers plus que centenaires tombèrent comme des dominos, c'était un vrai crève-cœur.

Je me souviens très bien du soir du réveillon. Nous étions presque une trentaine d'ami(e)s. Je m'étais démenée car, avec la tempête, nous n'avions plus eu ni électricité ni eau pendant plusieurs jours. Pas simple quand vous attendez plus de trente personnes pour le réveillon.

Lorsque les douze coups de minuit retentirent, alors que nos amis étaient au comble de la joie, de l'excitation, je m'apprêtais à servir le dessert. Je me suis retournée et, en une fraction de seconde tout s'est ralenti, s'est assourdi, le temps, les personnes présentes. Je pouvais les regarder tour à tour, sans qu'elles s'aperçoivent de quoi que ce soit. A cet instant, je me suis dit que c'était la dernière fois que nous étions tous réunis. Puis tout a repris son cours normal. Une profonde tristesse m'a envahie.

Novembre deux mille, notre couple battait de plus en plus de l'aile. Nous avons entrepris de faire un voyage sans les enfants dans le désert tunisien, près de la frontière libyenne.

Pour notre traversée du désert, dans tous les sens du terme, ce projet nécessitant une sérieuse préparation, les mois précédents, j'avais reçu rêves et contacts concernant ce futur voyage.

Une nuit, j'avais été sollicitée par mes Accompagnants. J'avais reçu l'injonction, quand je me réveillerais le lendemain matin, d'écrire tout ce que je souhaitais avoir, vivre dans ma vie. Jusqu'à ce que je parte, régulièrement la nuit ou la journée, « on » me soufflait de reprendre ma liste pour trier. J'avoue, j'en avais écrit au moins trois pages, je triais donc encore et encore.

Le jour du grand départ, une fois dans l'avion, il ne me restait plus qu'une page avec une dizaine de lignes. L'avion venait à peine de décoller, j'entendis mes Accompagnants me dire :

-    Reprends ta liste encore une fois.

J'ai obéi mais là, je ne voyais pas du tout ce que je pouvais encore retirer de ma liste, et puis, je n'en n'avais pas envie. Je ne comprenais pas ce qu'ils voulaient, à quoi tout cela me menait. Franchement, j'estimais qu'il ne me restait pas beaucoup de choses sur ma liste.

Après l'avion, la voiture, le bateau et de nouveau la voiture, nous sommes arrivés dans un hôtel pour nous reposer, avant de partir le lendemain matin pour enfin, arriver à destination, aux portes du désert, au début de notre marche.

Lorsque j'ai vu partir la voiture qui nous avait conduits au début de notre périple, j'ai fait un tour sur moi-même. Étaient présents, notre couple, un autre couple qui faisait le voyage avec nous, deux jeunes chameliers, notre guide et deux chameaux. Les deux jeunes s'affairaient à cuire du pain dans le sol, à organiser les derniers préparatifs. Nous allions prendre une collation, puis après nous nous mettrions en route, à pied ; cinq longs jours de traversée du désert sans aucun moyen de communication.

Le temps que tous les derniers préparatifs soient réalisés, je m'écartais du groupe, pour m'isoler. Je n'étais pas très bien depuis notre arrivée. J'avais mal au ventre d'avoir mangé un plat local très épicé, j'étais fatiguée d'un voyage tumultueux, du changement de climat et (pour couronner le tout,) par mes règles qui survenaient alors que ce n'était pas prévu. On peut dire que sur le plan physique je n'étais pas au mieux de ma forme. Comment fait-on dans le désert, quand on a la diarrhée et ses règles ? Mon moral était en berne. Et moi qui m'étais fait tout un film de ce voyage. Je crois que j'avais une vision très romantique de l'aventure...

Où que je pose mon regard, tout n'était que rocailles, sable à perte de vue. Le ciel était d'un bleu intense, sans nuage et le soleil commençait à chauffer dur. Je me sentais complètement déboussolée.

- Mais qu'est-ce que je faisais là ?

J'ai sorti ma liste, je l'ai regardée. J'ai senti dans une infinie douceur, comme deux mains se poser sur chacune de mes épaules. J'ai entendu :

- Tu n'es pas seule. Nous sommes là avec toi.

Malgré mon état, j'ai été rassérénée, sécurisée, l'apaisement a repris un temps place en moi.

- Maintenant, une dernière fois, trie ta liste et pose-toi cette question : Que veux-tu vraiment ?

Comme un éclair de conscience, j'ai compris. En portant mon regard encore une fois tout autour de moi, le contact chaud et doux posé sur mes épaules, une seule phrase, une seule demande :

- Oui, je veux et j'accepte de vivre pleinement mon incarnation sur terre !

J'ai déchiré ma liste en petits morceaux, je l'ai enterrée dans le sable.

Puis nous avons entamé notre marche.

Le guide qui nous accompagnait me surveillait comme le lait sur le feu. Il commençait à s'inquiéter pour moi. Il venait me demander régulièrement comment je me sentais. Bien que je lui répondais que je me sentais bien, il avait repéré que je n'allais pas bien. Je m'étais bien gardée de dire quoi que ce soit, à qui que ce soit. Nous avions emporté une trousse de secours, j'avais pris des médicaments. Mais, j'ai commencé à me déshydrater.

Pourtant, il nous fallait marcher jusqu'à dix-huit heures, heure où la nuit tombe. Une nuit noire et profonde.

Cela faisait déjà un long moment que nous avancions. J'en avais déjà plus qu'assez. J'étais fatiguée, éprouvée. C'est alors que j'ai aperçu au loin une forme humaine et des chèvres. Comme dans les films, j'ai cru à un mirage. C'était très surprenant, dans ce désert, où que nous portions notre regard, il n'y avait que des grandes étendues de rocailles, de sable et le ciel. Mais d'où pouvait bien venir cet homme et son petit troupeau ? J'ai montré la silhouette au loin et ai demandé à mon guide. Il m'a confirmé que ce n'était pas un mirage.

J'ai eu l'étrange impression que l'homme que j'apercevais au loin se dirigeait vers nous. Le guide m'a dit, non sans malice :

-   On croise rarement des personnes ici ; il est d'usage de se saluer car souvent on se connaît, on prend des nouvelles des uns et des autres.

Nous avons vu arriver cet homme vêtu d'un long burnous, portant un chèche bleu typique sur sa tête, tenant un grand bâton à la main pour guider ses chèvres. Jamais je n'ai oublié le visage de cet homme ; taillé à la serpe, un teint buriné par le soleil et le vent, un regard noir, perçant et profond.

A ma grande surprise, il s'est avancé et s'est planté devant moi. Il a plongé ses yeux dans les miens, un large sourire aux dents d'un blanc éclatant.

Il s'est adressé à moi dans sa langue natale. Il m'a montré mon ventre puis en levant un doigt vers le ciel, il a fait ce geste plusieurs fois, j'ai compris le mot « Allah » mais pas le reste.

Mon guide m'a traduit ses propos :

-    Il te dit : dès ce soir Allah aura fait ce qu'il faut pour toi.

J'ai bafouillé un grand merci, secouée par cette rencontre, puis nos chemins se sont séparés après qu'il ait discuté un temps avec notre guide.

Nous avons repris la marche. Le fait est que plus les heures passaient, plus mon état s'améliorait.

Arrivés au terme de notre première journée, nous avons bivouaqué. J'avais retrouvé toute mon énergie, je me sentais parfaitement bien.

Pour les personnes qui sont déjà allées dans le désert, elles comprendront de quoi je parle quand je dis qu'une nuit et un lever de soleil dans le désert sont des moments inoubliables. Même à ce jour, je ne trouve pas les mots adéquats pour exprimer ce que j'ai vécu.

Nous étions autour du feu, à savourer ce que nous mangions, à écouter les chants de nos guides, lorsque l'on vit apparaître l'homme croisé dans l'après-midi.

Encore une fois, d'où venait-il ? Visiblement, il avait décidé de faire demi-tour, de venir bivouaquer avec nous.

Il s'est approché de moi, m'a fait un signe de tête qui voulait dire alors ? J'ai posé ma main sur mon ventre, lui ai fait le signe tout est parfait pour moi maintenant, puis j'ai posé ma main sur mon cœur pour le remercier.

Il s'est assis près de moi et a entonné une chanson.

Le guide m'a dit que l'homme me la chantait pour moi.

Elle parlait de la mère originelle, de la femme, des mères, des sœurs, du respect que les hommes devraient toujours avoir pour elles. J'étais bouleversée. Il était porteur d'une joie de vivre, d'une lumière d'être, d'une présence incroyable !

J'ai appris, que né avec six doigts à chaque main, ses parents avaient considéré cela comme un signe d'Allah. Comme il était différent de sa nombreuse fratrie, il avait été confié au vieux guérisseur du village pour qu'il soit formé. C'est ainsi qu'il était devenu l'homme médecine de son village et des alentours, tout en gardant ses chèvres.

Puis, il a pris congé. Je l'ai regardé partir. Il marchait à pas lent, s'enfonçant dans la nuit étoilée comme il était venu, nous ne le reverrions plus. Quelle rencontre !

Le voyage a pris fin dans une magnifique Oasis. Nous allions pouvoir enfin nous doucher après cinq jours de désert. Paradoxalement, on ne s'encrasse pas dans le désert. Même si nous avions prévu lingettes et bouteilles d'eau pour nos ablutions. Cette douche ! Sentir l'eau couler sur la peau ! On aurait dit que je me lavais pour la première fois ! J'ai compris l'importance de l'eau sur terre.

J'avais tant reçu durant ce voyage, vécu tant d'évènements, compris tellement de choses ! Je savais que ce périple sonnait le glas de notre couple.

Professionnalisation

Avril deux mille un fut la date à laquelle j'ai déclaré mon activité en qualité de conseillère en développement personnel. J'étais très fière. Il était très important pour moi de le faire officiellement, de vivre de ce que je pratiquais au grand jour. Assumer qui j'étais, ce que je faisais. Le statut de Lithothérapeute ne viendrait que beaucoup plus tard puisqu'administrativement, ce n'était pas répertorié dans les nomenclatures ! Dans mon jargon personnel « inconnu au bataillon ! »

J'allais déménager mon cabinet dans une partie des bâtiments restaurés. J'allais m'extirper de la maison, pouvoir cloisonner vie personnelle et vie professionnelle. Il était grand temps de soustraire mon activité du cocon familial. J'avais enfin un cadre spécifique pour recevoir mes clients.

J'ai exercé dans un magnifique cabinet, grand, spacieux, lumineux qui s'ouvrait sur un cadre de verdure très beau. Quel que soit l'état de notre couple à ce moment-là, je remercie le père de mes enfants de m'avoir permis de travailler dans de telles conditions.

Dans ces bâtiments, outre mon cabinet accessible aux personnes handicapées, il y avait au rez de chaussée, une entrée, cuisine, toilettes, sur la droite une très grande salle avec cheminée, à l'étage, deux chambres, salle de bain, toilettes. A ce niveau il y avait aussi une autre grande salle sous les toits qui servirait très bientôt, mais je ne le savais pas encore, à mes futures formations, et à bien d'autres stages que nous ouvririons à d'autres thérapeutes énergéticiens, divers et variés.

Nous avions le projet à l'époque de faire de notre lieu de vie, un lieu d'accès au développement personnel, spirituel ; ce qui se réalisera quelque temps.

En qualité de professionnelle, j'ai dû tarifer mes séances. Très difficile à mettre en place pour moi, mais je m'y suis pliée. Comme toute profession libérale, j'étais soumise aux différentes taxes à payer à l'État, mais grâce à mon activité j'ai obtenu mon indépendance financière. Ce que je gagnais, servait à l'achat de mes pierres, à mes formations personnelles et à l'entretien de mes enfants. Trottait aussi dans un coin de ma tête la pensée, que si je devais me retrouver seule un jour, je pourrais m'en sortir...être totalement autonome.

Le bouche à oreille a si bien fonctionné que je me suis vite retrouvée avec une charge de travail considérable.

J'allais me laisser « manger » par les clients. A cette période, je ne mettais pas trop de cadre. J'étais appelée de jour comme de nuit, le week-end, les jours fériés, à Noël et Jour de l'An !

Je me suis engouffrée dans ce travail comme « on part en mission ». J'ai dû travailler mon « syndrome de sauveur », je me mettais en péril, ainsi que ma famille, mes enfants, mon couple.

Tout être humain possède des capacités

La capacité extra-sensorielle la plus développée chez moi est l'écoute, puis viennent la vue, le toucher et l'odorat. J'ai toujours entendu en premier, les Présences qui m'accompagnaient. Avec le temps, ma vue intérieure s'est agrandie. Une fois la porte ouverte, si l'on n'omet pas de maintenir son équilibre de vie, accompagné d'une bonne connaissance de soi, la fluidité s'installe.

Encore une fois, j'insiste volontairement, toute personne a ses capacités, mais beaucoup ne le savent pas ou plutôt ne le savent plus, ont oublié ou se sont fermées pour de multiples raisons.

Ces capacités sont des outils livrés avec l'incarnation sur terre. Tout un chacun devrait pouvoir les utiliser à condition qu'il s'y reconnecte. Ce n'est certainement pas un faire-valoir, ni un don, c'est une boîte à outils bien utile.

Ces cinq sens sont là pour nous aider, nous guider à dérouler notre chemin ici-bas.

Quand un enfant parle avec un personnage imaginaire, ce n'est pas toujours le fruit de son imagination. Les parents sont les gardiens du bon développement de leur progéniture. Ils doivent trouver un juste équilibre dans l'accompagnement face à ces processus, ne pas singulariser l'enfant mais ne pas l'ignorer non plus.

En plus des présences supplémentaires qui m'accompagnaient selon les situations, comme des sortes de moines portant des robes de bure - cette description est ce qui se rapproche le plus de mes ressentis - parmi eux, il y avait mon père.

D'autres rêves allaient me visiter.

D'abord, celui-ci. Je suis dans une salle voûtée toute de pierres apparentes. Elle ressemble à une grande crypte similaire à celles que l'on trouve dans les églises.

Au sol, une moquette rouge, une allée centrale, je suis debout à l'entrée de l'allée. Il y a des chaises en bois de part et d'autre sur lesquelles sont assises de nombreuses personnes. Certaines me sont inconnues, certaines ne véhiculent pas toujours de belles énergies ou n'ont pas toujours de belles apparences, parmi elles, mon père.

Avant d'atteindre le fond de la crypte, il y a trois marches, un grand espace où se trouve un lutrin. Au fond de la salle, après les marches, sur la gauche, il y a une porte en bois en ogive. Lorsqu'elle s'ouvre, je vois apparaître trois grands Êtres lumineux habillés de blanc.

Deux viennent se placer de chaque côté du lutrin, un restant près de la porte entr'ouverte.

Un des deux Êtres de Lumière me fait signe d'avancer. Il me place devant le lutrin.

Dès cet instant, les personnes assises se lèvent, les unes après les autres et viennent jusqu'à moi. Aucun échange verbal. Tout se passe par télépathie. Elles me disent au revoir, puis se dirigent vers la porte où se tient le troisième Être de Lumière et disparaissent.

Mon rêve m'a paru extrêmement long ; je dois attendre que toutes les personnes me disent au revoir et le dernier à le faire est mon père. Lorsque c'est fini, je me retrouve seule dans la crypte avec les deux Êtres de Lumière, placés chacun à mes côtés, le troisième ayant disparu après avoir fermé la porte derrière lui. Au réveil, je ne comprends pas tout de suite ce qui m'est arrivé. Je mettrai plusieurs semaines pour que cela fasse sens.

Tous ceux qui m'avaient aidée jusqu'à ce jour, avaient terminé leur travail avec moi. Ils étaient venus me dire au revoir afin de poursuivre leur propre chemin.

Puis, ce rêve-là.

Je suis allongée sur une table, plaquée, dans l'impossibilité de bouger, dans un lieu indéfinissable. Des Êtres semblables à des chirurgiens dans une salle d'opération s'affairent autour de moi.

Il se dégage d'eux une énergie d'Amour, empreinte d'une très grande sévérité. Je ne suis pas vraiment rassurée. J'appelle mais aucun son ne sort de ma bouche.

Un des chirurgiens présents m'a visiblement entendue. Il se penche vers moi, s'adresse à moi par télépathie, me signifiant qu'il m'écoute. Je lui demande ce qu'ils ont l'intention de me faire. Je le prie de bien vouloir accepter que je participe au processus. Ce qui m'est accordé.

Une partie de moi se dédouble et vient se placer à ma tête. C'est très étrange d'être à deux endroits à la fois. L'Être qui me répond me fait comprendre que je peux regarder, mais qu'en aucune façon, je ne dois dire ou faire quoi que ce soit.

C'est alors que les chirurgiens placent une sorte de gros entonnoir dans mon corps au niveau de mon plexus solaire et y déversent une substance luminescente qui pénètre tout mon corps.

Je m'endors profondément dans mon rêve et dans la réalité, pour me réveiller le lendemain matin avec le sentiment d'avoir dormi cent ans. Je suis dans une énergie incroyable.

Après ces rêves, une transformation profonde s'est installée en moi. Mon regard sur moi-même, le sens de ma vie, de la vie en général, l'approche de mon travail, la relation aux autres... Tout, absolument tout, avait changé.

C'est à cette période aussi que j'ai fait une demande expresse à mes nouveaux Accompagnants.

Je leur ai demandé de bien vouloir m'aider à m'épargner le contact avec les défunts en dehors de mon travail, ce qui m'a été accordé. Il m'a été précisé que cela serait atténué mais pas enlevé parce que pas possible. Ceci s'est vérifié par la suite en m'apportant un grand soulagement.

Pourquoi ?

Même s'il m'est arrivé de percevoir les défunts qui partaient dans la Lumière, j'étais le plus souvent en contact avec les défunts en souffrance : abandonnés, perdus, gémissant, grinçant, cliquetant etc. bref, je n'arrivais pas à gérer. Cela me fatiguait beaucoup, m'atteignait, je conservais toujours une peur, quand bien même j'avais progressé dans ma protection.

Il n'y a que dans l'exercice des séances que je suis à l'aise, dans ce temps et cet espace je me sens en totale sécurité avec mes Accompagnants.

Et puis, j'ai définitivement choisi d'accompagner les vivants en adéquation avec mon choix prononcé dans le désert.

Les différents cycles de vie

Au fil de ma pratique, j'ai constaté que lorsqu'une douleur physique disparaissait après une séance, très souvent, elle ressurgissait ailleurs sous une autre forme. Si nous ne recherchons pas la cause plus profonde en y amenant une transformation réelle, les difficultés peuvent perdurer longtemps

Depuis mes initiations nocturnes, je recevais de nouvelles informations puisque j'avais changé d'équipe !

Je percevais plus clairement le pourquoi profond des difficultés que portait la personne. Chaque fois que cela était possible, je l'invitais, l'encourageais dans une quête plus personnelle de ses difficultés, en affinant le travail sur les autres corps.

Un jour, j'ai décidé de reprendre toutes les fiches de mes clients, pour vérifier quelque chose. Cela m'avait été soufflé par mes Guides.

Je constatais que presque toutes les personnes qui venaient me voir, étaient souvent dans une période dite de crise (j'utilise ce terme dans ses deux sens), de tournant dans leurs vies. J'avais conscience que l'être humain avance par cycles. Cela m'avait été confirmé par l'étude de l'astrologie pratiquée avec sérieux dans le passé.

J'ai pu établir un nombre précis de cycles, leurs durées, définir à quel développement cela correspondait.

Je partageais ma découverte avec une amie qui était anthroposophe. Elle m'apprit que Rudolf Steiner, philosophe, occultiste et penseur social, fondateur de l'anthroposophie qu'il qualifie de « chemin de connaissance » visant à « restaurer le lien entre l'homme et les mondes spirituels » avait écrit à ce sujet.

Plus jeune, je m'étais essayée à le lire, mais j'avais vite abandonné sa lecture. Je le trouvais trop cérébral pour moi, trop laborieux à déchiffrer.

Elle me procura les écrits concernant lesdits cycles. Quel ne fut pas mon étonnement, quand je comparais ce que j'avais compris avec les écrits de Steiner.

Je vais en faire ici une synthèse plus que sobre.

La procréation et la grossesse forment le tout premier cycle, appelé le cycle 0. À elles deux, elles forment la genèse de l'individu prêt à l'incarnation.

- Le 1er cycle qui va de zéro à sept ans correspond à « Je suis sur terre »

Nous sommes dans l'énergie du premier chakra.

- Le 2ème cycle qui va de sept à quatorze ans correspond à « Je sens – Moi et le monde »

Nous sommes dans l'énergie du deuxième chakra.

- Le 3ème cycle qui va de quatorze à vingt et un ans correspond à « Je peux – Moi, le monde et mes valeurs »

Nous sommes dans l'énergie du troisième chakra.

Ces trois premiers cycles sont fondamentaux parce qu'ils forment la construction, la structure de la personnalité humaine.

Il faut vingt et un ans à un être humain pour entrer dans le monde dit « des adultes ». Sachant que cette norme est biaisée pour toutes les raisons que vous pouvez imaginer. Sans parler de tout ce qui peut se passer au moment de la conception et le jour de la naissance…

- Le 4ème cycle qui va de 21 ans à 28 ans correspond à « J'aime et je suis aimé"

Nous sommes dans l'énergie du 4ème chakra.

Il correspond au développement et à l'ouverture du cœur, de l'amour et de son âme. C'est aussi la mise en place du corps mental supérieur et ses différents compartiments.

L'individu est mis face à sa sensibilité envers lui-même et les autres. Qu'est-ce que je ressens au contact des autres ? Du monde ?

- Le 5ème cycle qui va de 28 à 35 ans correspond à « J'exprime » pas uniquement avec les mots !

Nous sommes dans l'énergie du 5ème chakra.

La respiration interne de l'être va et doit s'exprimer dans sa respiration extérieure et inversement. Ou autrement dit, comment l'être partage-t-il son savoir et sa connaissance avec le monde et les autres ?

- Le 6ème cycle qui va de 35 ans à 42 ans et correspond à « Je sais ».

Nous sommes dans l'énergie du 6ème chakra.

Il y a développement de la conscience, du savoir intellectuel et intuitif.

A cette étape, l'Homme sait ce qu'il ne veut plus, à une idée de ce qu'il veut mais ne sait pas toujours comment faire pour y arriver. C'est aussi durant ce cycle qu'il prend conscience qu'il ne sera pas éternel.

- Le 7ème cycle qui va de 42 ans à 49 ans correspond à « Je connais ».

Nous sommes dans l'énergie du 7ème chakra.

Ce dernier cycle sonne l'entrée ou la sortie d'un tunnel.

C'est la transformation du Moi en Soi.

Puis de la cinquantaine jusqu'à quatre vingt dix neuf ans se déroule un deuxième grand cycle, qui comme le premier va se séquencer en sept cycles de sept ans mais avec, en principe, l'expérience retenue et accomplie avant.

Soit l'Être a accompli son chemin de transformation.

Il possède un corps mature mais sain avec lequel il peut poursuivre, transmettre son expérience

Soit il se retrouve confronté à un corps épuisé ou atteint par la maladie lui envoyant le message urgent d'accomplir une bonne fois pour toute sa métamorphose.

S'il franchit de nouveau ce deuxième grand cycle, faisant ce qu'il faut pour chaque étape, il pourra achever définitivement son parcours sur terre.

Il va de soi que ce descriptif ne doit pas être retenu de manière stricte et rigide, qu'il faut bien sûr tenir compte du parcours de chaque personne, l'adapter.

Forte de cette compréhension profonde, je me suis mise au travail.

J'abandonnais la mise en place de la première séance qui consistait à aller à la « pêche aux informations ».

Cette façon de faire amenait souvent des propos redondants, pesants, de certaines personnes à mon égard quant à mes « capacités ». Elles se méprenaient sur mon travail. Il me paraissait primordial que la personne devienne actrice de la reprise en main de sa vie, qu'elle n'attende pas tout de moi, de mes pierres comme par miracle. J'étais juste une accompagnatrice sur leur chemin de vie.

En structurant encore un peu plus, en établissant une anamnèse, cela me permettrait de ne pas passer à côté d'informations importantes, de gagner un peu de temps quant à l'objectif de l'accompagnement.

Une expérience m'a fait basculer dans la nécessité absolue d'un historique individuel.

J'avais devant moi un homme d'environ trente-cinq ans. Il était venu sur les recommandations de sa femme que je ne connaissais pas mais qui avait entendu parler de moi.

Je pratiquais « version ancienne ». J'ai constaté dès le début que cet homme, artiste peintre, fasciné, subjugué par la personnalité et la peinture de Vincent Van Gogh, était de nature fragile, tourmentée. Il n'était absolument pas enraciné, pas incarné.

En cours de séance, j'ai découvert au niveau de la tête, comme une sorte de serre-tête entourant sa boîte crânienne de part et d'autre de ses oreilles, surmonté d'un nombre de tiges avec des boules roses au bout.

Mais qu'est-ce que c'était que ce « truc » ? C'était la première fois que je percevais une chose pareille, et je n'avais pas plus d'informations.

J'ai passé toute cette première séance et, c'était vraiment difficile, à aider ce monsieur à s'ancrer. Une fois la séance terminée, je l'ai informé qu'il serait fatigué, peut-être un peu bousculé vu qu'il n'était, passez-moi l'expression, que « tête ».

Sans comprendre pourquoi à cet instant, j'avais une appréhension. Je pris soin de lui rappeler qu'en cas de besoin, j'étais là.

Au deuxième rendez-vous, je me suis heurtée au même problème d'ancrage. Pourtant, il a tenu à me dire qu'il y avait longtemps qu'il ne s'était pas senti aussi bien. Certes, il avait eu des impressions bizarres les jours suivants, mais rien de plus.

Il m'a semblé effectivement plus ouvert, un « je ne sais quoi » s'était allumé en lui. Malgré tout, je ressentais toujours cette appréhension, qui me pinçait le cœur.

Un troisième rendez-vous fut pris avec pour accord un paiement qu'il me ferait avec un de ses tableaux. Il traversait des difficultés financières.

Quelques jours avant notre troisième rendez-vous, j'ai eu un appel de sa femme m'informant que son compagnon ne pourrait pas venir : il avait été interné en hôpital psychiatrique. Il s'excusait.

Au cours des échanges avec sa femme, j'appris que ce dernier avait été interné à plusieurs reprises pour des bouffées délirantes. Il prenait un traitement très lourd depuis des années, traitement qu'il avait arrêté brutalement depuis peu dont je n'avais pas connaissance. Je l'ai remerciée pour son appel, lui demandant de transmettre mes meilleures pensées de soutien à son mari. Je proposais que dès sa sortie, il revienne me voir pour faire le point sur tout cela.

Deux mois après, c'est ce qu'il a fait. Il est arrivé avec le tableau promis ainsi que d'autres toiles à me montrer.

Je lui ai demandé pourquoi il ne m'avait pas informée qu'il prenait un traitement depuis des années et les raisons de son arrêt, voilà sa réponse :

- Effectivement je suis suivi depuis l'âge de quinze ans, j'ai été diagnostiqué maniaco-dépressif.

- J'ai rencontré ma nouvelle compagne il y a quelques mois. Elle m'a supplié d'arrêter tous les traitements, (ce qu'elle ne m'avait pas précisé au téléphone). Vous comprenez, depuis quelque temps, elle se forme. Elle fait des stages énergétiques et elle est convaincue que je n'ai pas besoin de traitements, qu'avec les méthodes parallèles, je pourrais guérir définitivement. Je l'ai écoutée. Voyez-vous, je pensais vraiment qu'elle avait raison.

- Après notre deuxième rendez-vous, quand je suis sorti, je me sentais bien. Quelques jours après, alors que j'étais au volant de ma voiture, attendant que le feu passe au vert, j'ai eu comme un éclair de conscience fulgurant. J'ai compris que j'allais devoir rentrer dans mon corps définitivement, naître et vivre et, comment vous dire, c'était au-dessus de mes forces, absolument inenvisageable, je ne pouvais pas, je ne voulais pas, du coup, j'ai pété un câble !

- J'ai ouvert la portière, je suis parti en courant, j'ai enlevé tous mes vêtements, j'ai continué à courir nu jusqu'à ce que des policiers me récupèrent et me conduisent à l'hôpital.

- Ah, il faut que je vous dise, par un curieux hasard, le bâtiment où j'étais interné, s'appelait le bâtiment Vincent Van Gogh !

- Depuis, j'ai repris mon traitement, je me sens mieux. Pouvons-nous continuer les séances ?

Je lui ai expliqué que cela n'était pas possible pour l'instant. Il lui fallait digérer ce qu'il venait de vivre. Il devait poursuivre absolument son traitement même s'il devait le prendre à vie. Et toutefois, s'il envisageait de l'arrêter – ce qui ne me paraissait pas recommandable du tout – la décision devait être prise en concertation avec lui et les professionnels qui le suivaient.

Je lui ai expliqué que le travail dans le monde de l'énergie avait ses limites. Si j'avais eu connaissance, et c'était là une faute professionnelle de ma part, de l'état dans lequel il s'était présenté à moi, jamais au grand jamais, je me serais permis de travailler son ancrage et son incarnation.

En aucun cas, je ne pouvais obliger une personne à naître dans la matière si tel n'était pas son choix profond. En pratiquant comme je l'avais fait, j'avais provoqué un « atterrissage forcé » dans la matière, d'où les conséquences, en plus de l'arrêt du traitement.

Je l'ai encouragé à l'avenir, à ne pas se laisser influencer par qui que ce soit, à poursuivre son suivi ainsi que son traitement. A poursuivre la peinture parce qu'il avait un réel talent. Talent qui s'est confirmé par la suite, puisqu'il a reçu la reconnaissance dans le milieu de l'art.

Peut-être existe-t-il dans le monde un énergéticien capable de gérer ce type de problèmes. En ce qui me concerne, j'estime avoir atteint les limites de ce que j'étais en mesure d'accompagner. Je vais en tirer la leçon et cela m'aidera par la suite.

Nous nous sommes quittés en bons termes. J'ai reçu en échange, un magnifique tableau. Tableau que je possède encore. Lorsque je le regarde, je pense à ce Monsieur.

Mise en place de l'anamnèse

Très régulièrement, des personnes ayant de réels problèmes psychiatriques sont venues me voir. Je dis réels, car il y a aussi des personnes qui peuvent être « étiquetées », mais qui ne relèvent pas de la psychiatrie. Parfois elles sont dans un état de fragilité plus ou moins grande mais ne souffrent pas de troubles à proprement parler psychiatriques. Il faut arriver à faire la part des choses, avancer prudemment car les frontières sont très subtiles.

Il faut reconnaître que le chemin spirituel, le développement personnel, le monde énergétique attirent parfois des personnes dites fragiles dotées d'une grande sensibilité souvent en carence de « matière ». Il faut savoir les aider à trouver leur propre équilibre dans le plus grand amour qu'il soit.

Aimer c'est aussi dire non à la personne.

Il y a peu, j'ai été contactée par une dame qui avait eu mes coordonnées par une personne que je ne connaissais pas mais qui avait entendu parler de moi. C'était un ou une thérapeute énergéticien. Malgré mon insistance, elle a refusé de me donner son nom.

Cette dame voulait un rendez-vous. J'ai perçu tout de suite que cela ne serait pas possible. Je lui ai demandé les motifs de sa demande. J'ai senti une hésitation, je l'ai encouragée à me dire l'objet de sa venue. Je lui ai expliqué que j'avais besoin d'un minimum d'informations, afin de savoir si j'étais la bonne personne à rencontrer pour elle.

Cette dame, était la mère d'un enfant atteint du syndrome de Down (soit Trisomie 21). Elle avait entendu dire qu'un praticien en énergétique était en mesure d'inverser des processus intérieurs par l'énergie, afin de « rendre » son enfant normal. Elle souhaitait donc que je reçoive l'enfant pour pratiquer ce processus.

Je le reconnais, j'étais tout simplement scandalisée. Pas vis à vis de cette femme, je comprenais sa détresse, sa souffrance même s'il y aurait eu beaucoup à lui dire, mais de l'attitude du thérapeute.

Je lui ai expliqué que c'était tout simplement impossible. Je ne comprenais pas pourquoi « on » avait pu lui faire miroiter cela - je me contenais. Je lui ai dit que je ne recevrais pas son enfant. En revanche, si elle souhaitait être aidée, je pouvais la recevoir. Elle m'a remerciée pour mon honnêteté, a décliné ma proposition. Elle souhaitait continuer à chercher.

Nouveau lieu de pratique, nouvelles découvertes thérapeutiques

Installée dans mon cabinet tout neuf, j'avais à disposition des locaux attenants pouvant accueillir des stages, des formations et leurs formateurs.

Tous les formateurs que j'ai reçus, que nous avons reçus, ne paieraient pas un centime, tant pour le prêt des locaux que l'hébergement.

Notre couple était d'accord de mettre à disposition ce lieu dédié à l'amour sans contrepartie.

C'était une véritable aubaine pour nombre d'entre eux, très reconnaissants, pour d'autres, ils trouvaient cela tout à fait normal, puisque visiblement nous étions dans l'aisance.

Le Reiki

Le Reiki commençait à se faire connaître en France. J'en avais beaucoup entendu parler. Je recevais de plus en plus de personnes qui se présentaient à moi comme Maître Reiki.

Ce terme m'a toujours laissée dubitative. Plus tard, je découvrirais que dans la pratique, Maître Reiki, non seulement n'existe pas, sauf en occident, mais n'a pas lieu d'être.

Le Reiki est un art énergétique d'origine japonaise développé par Mikao Usui à la fin du 19ème siècle. « Rei » signifie « Universel », le « Tout » : la matière, l'âme et l'esprit et Ki (ou Qi) renvoie à l'énergie vitale qui circule en chaque individu comme on le retrouve dans la Médecine Chinoise.

Cette méthode se répandait à une vitesse fulgurante. Elle paraissait accessible à tous. Dès le premier degré, les personnes se mettaient à soigner.

Au sein de mon cabinet, en recevant ces personnes, j'allais faire une constatation récurrente pour bon nombre d'entre elles.

Le premier type :

Des personnes ayant passé leur 1er et 2ème degré reiki en quelques mois voire deux week-ends se lançaient tout de suite dans des soins, sans aucun travail de leur part ou si peu sur eux-mêmes, ni de travail de Reiki régulier au niveau personnel et sans aucun suivi de leur initiateur.

Souvent ces personnes étaient porteuses de nombreuses, lourdes souffrances personnelles. Le fait qu'elles puissent à leur tour guérir les autres leur permettait d'obtenir une valeur, un mérite, une reconnaissance inexistante ou quasi inexistante en elles.

Le deuxième type :

Des personnes se présentaient à moi comme Maître Reiki. Elles avaient donc passé les trois degrés - quand il n'y en avait pas un 4ème - étaient donc habilitées à initier et à enseigner à leur tour.

Pour certaines d'entre elles, pas toutes, je me suis interrogée tout de suite. Je constatais une sur-dimension de l'énergie de leur troisième chakra. La difficulté qu'elles rencontraient après quelque temps d'accompagnement des autres personnes, à gérer leur propre énergie, d'où un rendez-vous chez moi pour que je les aide à retrouver leur équilibre.

Ce troisième chakra était particulièrement ressorti en avant, s'écrasant, s'étalant sur toute la cage thoracique au détriment du chakra du cœur. Elles étaient dotées d'un fort mental, d'une grande soif de pouvoir allant parfois jusqu'à la toute-puissance. Elles manifestaient un incontestable besoin de reconnaissance. Il émanait d'elles une puissante énergie, quelque peu écrasante. Lorsque je les conseillais de l'importance de corriger certaines attitudes, voire de changer de comportement dans leur vie de tous les jours ou d'être aidées de leur propre initiateur, en règle générale, je ne les revoyais pas. Si je me hasardais à leur demander de me parler de ce qu'elles savaient du monde énergétique dans lequel elles évoluaient et de ce qu'elles faisaient, rares étaient celles à m'apporter des réponses claires.

Si nous avions pu avoir un dialogue constructif, si nous avions pu bâtir un lien de confiance, ces personnes auraient pu trouver leur place pour accompagner les autres dans le coeur.

Je reconnais, j'étais perplexe. Ce n'est pas parce que l'on se forme aux soins énergétiques qu'on a tout compris, tout acquis et qu'on peut se lancer dans l'aventure du soin et, une fois de plus, j'étais bien placée pour le comprendre.

Une amie me fit part qu'elle faisait venir chez elle un monsieur dit Maître Reiki, pour former au 1ᵉʳ degré. Elle me demanda si mon compagnon et moi serions intéressés d'y participer.

Autant mon compagnon était emballé, autant de mon côté j'étais hésitante. J'avais tellement à faire avec mes pierres. Souhaitant comprendre ce qu'il en était, encore une fois, j'acceptais de participer. Rien de telle que l'expérience vécue.

Le week-end est arrivé. Nous faisons la rencontre de ce monsieur. Un drôle de petit bonhomme de type asiatique avec un regard d'aigle, pas très beau physiquement.

Durant ce stage, lors d'une méditation, je suis transportée dans un espace-temps très ancien :

Je suis au milieu des montagnes, dans la nature, je médite. Là, viennent deux êtres singuliers. Ils me font comprendre que je me reconnecte avec une pratique ancienne que j'ai connue. Cette philosophie de vie, parce que c'est bien de cela dont on parle, existait déjà au Tibet dans des temps encore plus anciens. Je suis ressortie troublée de ce moment et de la formation.

J'ai proposé d'accueillir ce petit homme chez nous en mettant à disposition nos locaux pour qu'il puisse faire ses formations.

Avec mon inconditionnelle disponibilité aux autres, j'ai pris sur moi toute l'organisation malgré toute ma charge de travail.

La venue de cet homme m'a permis d'avoir des réponses et une compréhension du Reiki. En fait, bien avant de le découvrir, je recevais depuis quelque temps déjà, des symboles lors de mes séances avec les pierres. Je devais mettre ces symboles dans la paume de chaque main en plus des pierres posées. Avec le recul, je comprendrais que j'avais été préparée à découvrir le Reiki.

Nous avons pu comparer nos pratiques. Nous avons constaté qu'il y avait une forte similitude. J'en ai déduit qu'au final la Source reste inexorablement la même. Seule son expression s'exprime différemment suivant le pays, la culture. Je compris que c'était

« juste » une adaptation du langage universel pour que tout un chacun puisse être accompagné, guidé quel que soit l'endroit où il vit.

Sur le plan professionnel, c'était vraiment une belle rencontre. Du côté personnel, j'avais du mal à comprendre le fonctionnement de ce monsieur.

Forte de mes initiations au 1er et 2ème degré, j'ai décidé d'appliquer, de renforcer mon travail de Lithothérapeute, en y intégrant le Reiki.

J'ai constaté que l'association pierres et Reiki était très puissante. L'énergie s'en trouvait encore plus décuplée. Les personnes avaient beaucoup plus de mal à assimiler les séances. Elles repartaient souvent effondrées, en pleurs, épuisées et lors des rendez-vous suivants, elles revenaient plus craintives.

J'ai vite abandonné cette association, laissant le soin à mes Accompagnants de me signifier quand l'utiliser si cela s'avérait nécessaire. Ceci se fit en de rares occasions.

J'ai décidé d'aller jusqu'au bout du processus en ce qui concerne le Reiki, d'effectuer mon 3ème degré, quand mon initiateur estimerait que je serais prête. Ce qui s'est présenté quelques mois plus tard. Nous convenons que je passe ce 3ème degré chez lui à Marseille. C'est toujours très instructif de se rendre chez les personnes.

Lorsque j'ai sonné à la porte, j'ai été particulièrement mal reçue. Il estimait que j'arrivais trop tôt, alors que mon arrivée était convenue depuis des mois, à l'heure dite. J'étais particulièrement estomaquée, je trouvais son attitude grossière à mon égard compte tenu du temps et de l'accueil que je lui avais accordés à de très nombreuses reprises.

Je lui ai dit :

- Et bien écoutez, si cela ne vous convient pas, appelez-moi un taxi, je repars tout de suite.

Il s'est calmé, m'a offert un café. En vivant plusieurs jours chez lui, au sein de sa famille, j'ai découvert et mieux compris qui il était vraiment.

J'ai vécu la fin de mon initiation en refusant de devenir Maître Reiki. Je ne voulais ni initier ni enseigner le Reiki. Ce n'était définitivement pas une voie pour moi, pas dans cette vie-ci.

J'ai continué pendant un temps à lui mettre à disposition mon lieu pour ses formations. Mais la charge professionnelle augmentant encore, je lui fis part qu'à l'avenir, je ne pourrais plus gérer pour lui comme je le faisais auparavant. En revanche, je continuerais à m'occuper de son hébergement personnel, de ses repas, mais à lui de gérer sa formation du début à la fin. Il l'a très mal pris, s'est montré une fois de plus, mais de trop, grossier. J'ai mis un terme à notre collaboration.

Comme je le dis toujours, j'ai pris de nombreuses barques percées, elles m'ont toutes aidée à traverser la rivière, en cela je leur suis profondément reconnaissante.

Ce type de rencontre, cette façon dont les choses se déroulaient, se terminaient, j'allais le vivre à maintes reprises.

Dès que j'étais face à une autorité que je croyais plus compétente du fait que je ne connaissais pas le domaine, je reconnectais avec mon manque de foi envers moi-même. Cela brouillait mon regard sur la globalité de la personne.

La même année, je retrouvais un ami, un frère d'âme, qui était lui-même devenu Maître Reiki. Il m'a expliqué ce que j'avais compris, à savoir : le Reiki est une voie de transformation de soi, comme une authentique voie initiatique. C'est un chemin parmi tant d'autres. Cela n'a rien à voir avec tout ce qui se pratique. Au final, il y a très peu d'enseignants Reiki sérieux. Je pense que c'est aussi vrai pour d'autres pratiques, y compris la Lithothérapie.

Mise en place de ma transmission du travail avec les pierres

A la demande de beaucoup de personnes, j'allais mettre en place ma propre formation en Lithothérapie, encore un « challenge » pour moi !

J'intitulerais cette formation « Sur le Sentier du Cristal », nom soufflé par mes Accompagnants, un jour que je prenais un bain.

J'allais donc rédiger trois livrets qui me permettraient de transmettre étape par étape non seulement, ce que j'avais compris de mon travail sous forme de trois stages répartis en trois week-ends mais ce que représentait réellement la Lithothérapie.

Le premier et le deuxième week-end pouvant se faire relativement rapprochés alors que le troisième s'effectuant un an après, pour les personnes désireuses d'introduire les pierres dans leur pratique professionnelle ou voulant devenir thérapeutes ou pour toutes celles qui en étaient à l'étape d'ouvrir définitivement leur cœur à la vie.

La première étape portait le nom « Enracinement ».

D'où viennent les pierres ? Où les acheter ? Comment s'y prendre ? Comment les porter ?

Les chakras – les différents corps -

La purification – la régénération – la consécration – la programmation.

Tout cela était accompagné de mise en pratique.

Le premier stage a marché tout de suite très fort. Cependant, certains stagiaires ne revenaient pas au deuxième week-end, déçus de ne pas recevoir de recettes avec les minéraux.

Malgré toute la réflexion, toutes les explications, les expérimentations transmises durant ces deux jours, un bon nombre désertait en vue du deuxième stage par manque de travail personnel.

La deuxième étape s'intitulait « Le lien »

Comment se sentir relié à la vie malgré tous les obstacles qui m'en empêchent ?

Cette deuxième étape consistait en une approche de la connaissance de soi et des cycles évolutifs de l'homme avec les caractéristiques des septaines, un focus sur les trois premières années de la vie, un travail sur la peur, un approfondissement des chakras et de leurs encombrements.

Tout cela était accompagné de méditations pour faire un examen de conscience, une rencontre avec soi, un travail sur sa créativité, une rencontre avec son Ange et enfin une ouverture à sa Reliance. J'entends par Reliance, le fait de s'ouvrir à ce à quoi on se connecte ou se sent connecté, à condition toutefois de savoir le nommer, quel que soit le nom qu'on lui donne.

Malgré des défections, ce deuxième stage fonctionna bien quand même. Il induisait à chaque stagiaire de s'ouvrir encore un peu plus sur un travail sur soi. J'avais conscience qu'en deux jours cet objectif n'était pas possible. Le but était de semer des graines.

Et la troisième étape s'intitulait « Le passage au cœur ».

Sans jeu de mot déplacé, c'est vraiment ce stage qui me tenait le plus à cœur.

Pour faire simple, si tant est que cela soit possible, je dirais que ce troisième volet est une prise de conscience que l'intégration du travail spirituel ne peut se réaliser que par l'expérience vécue sur terre soutenue par l'amour.

Replacer l'homme dans la reconnaissance de sa Reliance quel que soit le nom qu'on lui donne, située en toute chose et ainsi manifester le sacré à chaque instant, ici, sur terre.

C'est donc en grandissant de notre personnalité que nous entrons dans les forces du cœur.

Je reprenais la citation de Laurence Zekri

« C'est quand le mental est silencieux, tranquille et sans attente, sans vouloir que notre véritable nature se dévoile. Je n'attends pas de vivre en paix : je suis la paix ; je n'attends pas de vivre l'amour : je suis l'amour ».

Cette étape consistait en une mise en pratique avec méditations et pierres :

- sur les forces lunaires et saturniennes – (mère-père).
- sur le pardon à soi-même.

Puis venait un travail sur les signes terrestres présageant d'un passage au cœur.

- Une méditation sur la Jérusalem Céleste avec douze minéraux
- Une méditation appelée « Revenir chez soi ».

Ce troisième stage ne s'est fait que deux ou trois fois.

A l'époque, peu de personnes se sentaient concernées par la proposition. Je crois sincèrement que si je la formulais aujourd'hui, il y aurait une demande importante. L'humanité est dans ce passage au cœur. Je pense aussi à nos enfants, à ce qu'on va leur laisser et à ce à quoi ils vont être confrontés.

J'allais donc découvrir le travail en groupe, tant dans les aspects bénéfiques que difficiles, ainsi apprendre vraiment beaucoup.

Le jour où certains stagiaires ont commencé à m'appeler « Maître », j'ai pris la décision d'arrêter.

La mise en place de la transmission sous forme de week-ends allait libérer en moi des forces de vie insoupçonnables, en particulier la force de ma maternité spirituelle. Elle était déjà là, mais je n'en n'avais pas vraiment bien conscience. Par cette transmission avec les groupes, j'allais conscientiser, expérimenter le processus.

Les praticiens côtoyés me renvoyaient toujours cette qualité d'être. J'allais m'y « engouffrer » corps et âme un peu plus, pendant que ma Féminité s'étiolait en secret. J'avais pris le parti de devenir une mère pour tout un chacun. Rien que ça….

Un lieu dédié à la Source

J'ai reçu un rêve me montrant un lieu sur notre propriété dédié à la Source. J'en ai fait part à mon mari. Il trouva l'idée superbe.

Nous avions tout restauré sauf une petite cabane près de la maison.

Nous avons décidé de la transformer en un lieu d'ancrage spécifique pour la Source, en remerciement de tout ce que nous avions reçu.

Cet endroit serait ouvert, au sens propre comme au sens figuré, libre à chacun, séjournant sur place de s'y ressourcer comme bon lui semble.

Nous avons fait poser quatre beaux vitraux dédiés aux quatre éléments. C'était un endroit propice à la méditation, la prière, le recueillement. Nous y avons vécu d'intenses moments de partage.

Lorsque j'avais sept ans, un soir où se déroulait un moment de violence entre mes parents, plus virulent que d'habitude, où tout volait en éclats, nous étions allées nous réfugier ma sœur et moi dans notre chambre. Ma sœur s'était endormie tout de suite. De mon côté, ne trouvant pas le sommeil, je m'agenouillais au pied de mon lit et priais de toute mon âme d'enfant :

- Seigneur, si tu fais revenir la paix et le silence maintenant, je te bâtirai une église.

Pourquoi ces mots-là ? Toujours est-il que de nombreuses années plus tard, d'une certaine manière, il m'avait été permis de tenir ma promesse.

L'Enfant Intérieur

Après avoir franchi toutes les étapes jour après jour, ma pratique s'articulait autour du développement de la personne du début de sa vie sur terre en passant par la gestation, la naissance, l'enfance et l'entrée dans la vie d'adulte, la vie d'adulte et la fin de son parcours sur terre.

Toutefois, en ce qui concerne l'enfance, même si j'avais bien compris la résonance sur la vie d'adulte, je n'étais pas entrée plus en profondeur avec mes clients sur la compréhension de certains processus. Je me contentais d'aider à libérer les liens énergétiques entravant la personne dans sa vie d'adulte afin qu'elle puisse aller de l'avant.

Ce qui m'a le plus frappée, je dirais même sidérée, quand j'ai commencé à me pencher sur l'histoire des personnes, hormis tous les parcours douloureux, difficiles, compliqués, c'est le nombre important de femmes et d'hommes qui avaient été abusés sexuellement. En ce qui concerne les hommes, c'est encore plus tabou, y compris les hommes battus. Jamais, je n'aurais pu imaginer que cela soit malheureusement si courant, toutes classes sociales confondues. J'étais naïve. Alors, oui aujourd'hui on en parle, il était temps, cela est juste mais hier…

J'ai accompagné nombre de personnes piégées, si profondément abîmées, dans cette souffrance.

Il y a une personne en particulier, aujourd'hui, chère à mon cœur que j'ai accompagnée. Elle a publié un livre en deux mille vingt - deux. Son histoire est d'une telle force de vie montrant que, OUI, on peut guérir de cette profonde douleur. Je peux donc parler d'elle, Françoise Rochais. Son livre s'intitule « Jongler à la Vie, à la Mort » aux Éditions Milo. Je vous le recommande.

D'un point de vue énergétique, j'avais repéré un schéma répétitif des personnes ayant vécu des abus sexuels. Il va de soi qu'en repérant ces signes énergétiques m'indiquant qu'ils avaient été victimes de telles horreurs, je ne pouvais pas leur révéler comme ça les choses. Il me fallait trouver un chemin pour les y amener, dans une infinie douceur, quand cela était possible pour elles.

Je recevais un rêve me confortant dans la manière de poursuivre ma pratique, je me devais de prendre grand soin de l'Enfant Intérieur.

Rêve que j'utiliserais par la suite sous forme de méditation adaptée :

Je marche sur un sentier dans la forêt jusqu'à ce que j'arrive dans une petite maison, type chalet en bois. Lorsque je pénètre à l'intérieur, je me retrouve à monter un escalier me conduisant sur un palier où se trouvent plusieurs portes.

Je suis attirée par une porte de couleur orange. Le cœur battant, je pousse cette porte. Je suis accueillie par une Entité que je sens comme Féminine, je ne la distingue pas bien, tant son aura lumineuse m'éblouit.

J'entends qu'elle se présente à moi comme étant « la gardienne de la fécondité et de la fertilité ».

Elle m'invite à m'asseoir dans un fauteuil crapaud. Elle va chercher une coupelle d'où s'échappe une fumée. D'un revers de main elle balaie la fumée s'échappant de cette coupelle vers moi.

J'éprouve à cet instant le besoin de respirer profondément et au fur et à mesure que je respire ces senteurs invisibles, je sens mon corps tout entier se recentrer, se réaligner, se rééquilibrer, toutes mes tensions disparaissent. Je suis bien, vraiment bien.

Puis cette gardienne, ayant reposé la coupelle aux senteurs, me tend un verre d'eau. Elle me demande de mettre des mots dedans : mots qui doivent représenter mon enfance, ma jeunesse et ma vie actuelle, puis elle m'invite à boire cette eau ensemencée de mes mots.

Une fois cela réalisé, elle revient avec une coupelle contenant une substance orange qu'elle m'invite à manger -

A cet instant, je refuse, je lui demande si elle n'a pas du chocolat...

Dès mon refus, je me réveille.

Ce rêve va me poursuivre toute la journée jusqu'à la nuit d'après.

La nuit suivante, je me retrouve de nouveau sur le sentier, dans la maison, de nouveau, les mêmes processus, les senteurs, les mots dans le verre à boire. Cette fois-ci, j'accepte, à contre cœur, je l'avoue, de manger la substance orange.

Dès l'instant où je vais manger la substance orange, je vais me retrouver catapultée tout en haut de l'escalier devant une porte bleue à travers laquelle un nuage bleuté s'échappe.

Je pousse la porte et me retrouve dans un grenier envahi de cette vapeur bleutée. Le grenier, je m'en souviens très bien, c'est celui de mon enfance où j'allais très souvent me réfugier. Si ce n'est que là, hormis la brume bleutée, il est vide, seule une malle repose en plein milieu.

Je me dirige vers elle pour l'ouvrir. Au moment où je me penche pour voir ce qu'il y a à l'intérieur, je sens à mes côtés une présence d'une douceur, d'un amour incommensurable, celle de mon Être de Lumière. Il m'invite à prendre le seul et unique cadeau qu'elle contient. Puis, Il me montre le mur devant moi, y fait apparaître une fenêtre s'ouvrant sur le monde extérieur.

J'entends :

-    Utilise ce cadeau pour créer ton avenir.

Ce que je fais. Je me réveille, bouleversée. Je m'empresse d'écrire mon rêve.

Me vient l'idée de faire faire ce rêve-méditation à mes trois enfants.

Test avec mes enfants

Un matin où ils étaient en vacances, que nous étions tous les quatre, je leur demande s'ils accepteraient de faire cette méditation.

Je les revois tous les trois autour de la table de notre salle à manger. Je suis très émue de voir avec quelle aisance ils entrent dans le processus.

Je leur ai demandé de fermer les yeux, d'écouter mon histoire, en leur précisant que nous en reparlerions après. Ils ont obtempéré sans rechigner. Je déroule alors la méditation jusqu'au bout. Leur laissant quelques instants après pour qu'ils se remettent, le résultat a été au-dessus de toute espérance.

Chacun à son tour, m'a raconté ce qu'il avait vécu. J'étais profondément touchée de la confiance que tous les trois m'avaient accordée. Mes enfants venaient de me confirmer que j'allais pouvoir mettre en place ce travail sur l'Enfant Intérieur auprès de mes clients.

J'allais donc faire des recherches encore plus approfondies sur cet Enfant Intérieur grâce à la lecture de très nombreux écrits.

Comme un heureux « hasard », j'allais être contactée par une femme, qui non seulement avait écrit sur l'Enfant Intérieur, mais dont c'était la thérapeutique.

Nous allions nous rencontrer et mettre en place un partenariat.

Construire un stage en créant des méditations autour de l'Enfant Intérieur avec les minéraux en soutien.

Prendre soin de l'Enfant Intéricur aide à se réparer, contribue à l'élaboration et/ou la réappropriation de son unité intérieure en tant qu'être spirituel sur terre. L'énergie ainsi maintenue en équilibre tout au long de sa vie permet d'avancer sur son chemin, de réaliser ses rêves, sa créativité.

Installer un travail plus approfondi sur l'Enfant Intérieur dans ma pratique afin que mes clients puissent se réapproprier leur histoire pour en guérir, pour cicatriser et vivre.

Ma méthode mise en place, en résumé.

Je demande aux personnes de réaliser un album photos de leur enfance avec, quand cela est possible, une photo d'eux par an de zéro à vingt et un ans inclus. Quand ils ne possèdent pas ou peu de photos, je trouve toujours un moyen (découpage d'illustrations...) Je leur explique que c'est ensemble que nous allons compléter leur histoire.

Si je m'appuie sur les photos, je peux ressentir, dans le subtil, cette histoire, leur histoire. Je pose les questions qui les amènent à se souvenir et ainsi les aide à combler les manques. Il est surtout important pour les personnes de comprendre le pourquoi de leur souffrance, mais aussi de saisir l'essence de leurs qualités propres.

Dans l'histoire de la personne qui entame un vrai travail sur elle-même, il est nécessaire d'affronter ce qui ne va pas. Mais il faut, comme je dis, "mettre un fond au tonneau", sous peine, au final, de rester figé sur ce qui ne va pas, de tourner en rond dans son malheur, de passer à côté de ce qui va, de rester une victime. Et puis on ne peut pas se cacher toute sa vie derrière son histoire familiale et son karma. Le mot karma qui, étymologiquement vient du sanskrit « karman » qui veut dire « acte » ou action et non « fatalité ». Cela me paraît primordial de le rappeler ici.

Nous ne sommes pas que « mal-être », nous portons aussi en nous du « bien-être ». Il me semble important d'amener les personnes à découvrir qu'elles sont dotées de merveilleuses qualités, que bon nombre d'entre elles ont oubliées. Pire encore, elles ne connaissent pas ou plus toutes leurs qualités, tout simplement. L'objectif de ce travail sur l'enfant intérieur est d'aider toutes ces personnes à se valoriser pour trouver, retrouver, leur légitimité et vivre pleinement leur vie.

Une fois l'album terminé, ces personnes doivent revenir en le rapportant. Elles doivent aussi apporter leur « doudou » d'origine. Si elles ne le possèdent plus, elles doivent s'en offrir un, qui se rapproche le plus de ce qu'elles possédaient enfant. Si elles n'en n'ont jamais possédé, elles s'offrent ce cadeau en allant acheter leur doudou.

Je possède une énorme collection d'anecdotes concernant les doudous, toutes plus touchantes les unes que les autres.

J'ai eu une cliente qui avait un doudou surprenant. Quand elle était petite, elle plaçait un petit bout de tissu entre chacun de ses orteils aux deux pieds. Elle m'a expliqué qu'elle se sentait en sécurité pour dormir. Son milieu familial étant particulièrement toxique. Vivant seule, il lui arrivait de dormir encore avec son doudou-pieds comme elle l'appelait.

Quand les personnes reviennent en possession de leur album et leur doudou, avec le support des photos, je peux les aider à reconstituer leur histoire quelle qu'elle soit.

La suite de l'accompagnement se base sur la méditation reçue. Pendant un certain temps elles portent les pierres en accompagnement de ce travail.

Les personnes doivent de leur côté refaire la méditation chez elles, afin de retrouver le contact avec leur enfant intérieur, comme la première fois au cabinet. Elles sont invitées à revenir avec leur expérience, pour que nous approfondissions ensemble.

Il est arrivé parfois que certaines personnes ne puissent pas contacter leur enfant intérieur lors de la méditation faite ensemble. Cependant nous parvenons, toujours avec une grande patience, à ce qu'elles puissent le rencontrer, voire le découvrir. Ce sont toujours des instants poignants, qui ouvrent ces personnes à l'amour d'elles-mêmes.

Je vous invite à visionner, si vous ne le connaissez pas, le film « Les Chatouilles » jusqu'au bout car la dernière scène justifie l'essence même du récit.

En plus de ce travail, je leur propose de poser dans un cadre, à portée de vue, des photos de l'enfant qu'elles furent ; une photo entre zéro et sept ans, une entre sept et quatorze ans et une, enfin, entre quatorze et vingt et un an.

J'invite les personnes à être en lien permanent avec leur Enfant Intérieur tout le temps du travail. Elles doivent apprendre à contacter la part d'elles, dont elles ont le plus besoin au moment où elles débutent cette quête. Je leur demande d'utiliser leur doudou pour entrer en contact avec cet Enfant Intérieur. Il est l'Intermédiaire. Un doudou est Le confident de l'enfant, il est un lien indestructible entre l'adulte et lui. Par ce travail, il s'agit de réparer, cicatriser, guérir et s'ouvrir.

Je leur demande de prendre des notes sur leur expérience et nous avançons ensemble.

Vous comprenez bien que ce que j'explique ici prend un temps, plus ou moins long selon les personnes, compte tenu de leur histoire.

Puis nous approfondissons encore un peu plus, en prenant en compte les parents, la fratrie, les grands parents, la famille au sens large, les ami(e)s, les amours, les lieux… tout ce qui a pu compter, douloureux ou heureux pour elles.

Le but est d'aider la personne à retrouver une paix profonde en elle quant à son histoire, lui permettre d'accéder, une fois encore je le redis, à son unité, à ce qui fait qu'elle est ce qu'elle est.

Une fois que la rencontre et le lien avec l'Enfant Intérieur sont établis, toujours en respectant le rythme de la personne, je pratique une méditation appelée la méditation bleue, accompagnée des pierres appropriées.

Cette méditation a pour finalité d'amener la personne à s'ouvrir à ce à quoi elle aspire profondément pour la suite de sa vie, en s'appuyant sur ses forces créatrices retrouvées.

Quand ce profond travail sur soi est réalisé jusqu'au bout, les personnes voient leur vie totalement transformée, d'une manière très concrète et sur tous les plans. Elles peuvent voler de leurs propres ailes. Quoi de plus gratifiant pour elles comme pour moi !

Rencontre avec le chamanisme

Ma vie professionnelle battait son plein. J'étais dans une boulimie de formations personnelles afin d'accroître encore plus mes connaissances. Et j'allais découvrir…le chamanisme.

J'allais faire la connaissance d'un homme qui allait avoir un rôle fondamental quant à la suite de ma vie. Nous étions fin deux mille deux et début deux mille trois.

Du parking à mon cabinet, il y avait deux cents mètres environ. Je vis se garer, descendre de sa voiture, mon rendez-vous. Un monsieur d'une allure athlétique remarquable, cheveux courts devant, longs sur la nuque, un regard noir profond, pieds nus, avançant d'un pas paisible vers moi, sourire aux lèvres. Un très bel homme.

Il prit place face à moi. Je remarquai son accent, j'eus confirmation qu'il était Irlandais. Après un temps d'échange, j'ai découvert que je l'avais déjà croisé quelques années auparavant lors d'une formation, nous avions parlé dolmens, menhirs et minéraux.

Il m'a exposé sa demande d'aide. Après trois séances, je décidai que je n'avais plus grand-chose à lui apporter. Pourtant, mes Accompagnants m'avaient soufflé que contrairement à ce que je pensais, son travail avec moi était loin d'être terminé.

J'ai pensé à ce moment-là, que sa venue chez moi, s'expliquait plus par son souhait de me rencontrer, de voir qui j'étais, plutôt que de trouver une réponse. Je reconnais que sa présence, son énergie, ce qui se dégageait de lui, me déstabilisaient, m'impressionnaient. J'avais l'impression que je n'avais pas grand-chose à lui apprendre. Cet homme jetait un trouble en moi que je n'arrivais pas à définir. Il y avait une part que j'admirais en lui, une part qui me dérangeait profondément. Mais c'était cette puissante force tranquille émanant de lui qui m'interpellait le plus.

Je suis retombée dans mon travers « Je sens qu'il en sait plus que moi, donc il n'a pas besoin de moi ».

Lors de notre troisième et dernier rendez-vous, il m'a dit qu'il pratiquait en tant que thérapeute - ce que j'avais bien compris -

sous une forme dont j'avais déjà entendu parler, le chamanisme. Il me précisa avec son accent

- « Chamanisme celte » se défendant au final de toute étiquette. Paradoxal !

Il est reparti comme il était venu.

Dans les semaines qui suivirent, il habitait mon esprit. Je décidais de prendre rendez-vous avec lui pour voir ce qu'il pourrait m'apporter.

J'avais plus d'une heure de route pour me rendre chez lui. Durant le trajet, j'ai constaté que tout mon être intérieur était en ébullition sans savoir pourquoi. En arrivant, je lui en fis part, il m'a dit qu'il avait préparé notre rendez-vous en amont, que j'avais dû ressentir la préparation.

Lorsque je suis entrée dans son cabinet, ce que j'avais pressenti s'est confirmé. Trônait dans la pièce, une table circulaire couverte de pierres. J'ai pensé à cet instant « il s'est bien foutu de moi ».

Assis en tailleur sur des coussins, l'un en face de l'autre, il m'a demandé pourquoi je venais le voir ? Contre toute attente, je me suis entendue lui répondre :

-    Mes problèmes de couple.

C'était la toute première fois que je m'ouvrais de ce sujet brûlant, qui me rongeait de plus en plus, sans que personne le sache. Le seul fait d'être en face de lui, me mettait à nu. J'étais stupéfaite de ma demande.

Mark allait me faire découvrir le travail chamanique.

Qu'est-ce que le chamanisme ?

Voici une définition occidentale du chamanisme sur le blog ©Galerie HOZHO Visions.

« Le chamanisme est un ensemble de pratiques développées pendant des millénaires pour communiquer avec les esprits de l'Univers. Le point commun à ces pratiques, c'est qu'elles permettent d'atteindre un état modifié de conscience dans le but de nous relier aux esprits qui exerceront leur médecine de l'âme. Les techniques utilisées pour atteindre cet état modifié de

conscience varient. Selon l'environnement naturel et culturel dans lequel on évolue, on utilisera le son, le battement de tambour, le hochet, les chants ou les plantes.

L'intention du voyage chamanique qui en résulte est de rencontrer son animal de pouvoir et de recouvrer les forces nécessaires pour se soigner, pour survivre aux nombreux défis que la vie nous lance.

Le chaman, mot d'origine sibérienne maintenant utilisé dans d'autres cultures, est la personne qui fait office d'intermédiaire suprême avec les esprits, justement parce qu'elle a été désignée par les esprits, a accepté de se mettre à leur service et de leur consacrer sa vie, au risque de la perdre si elle refuse.

Le terme praticien chamanique est davantage utilisé en occident. Pratiquer le chamanisme au quotidien par de simples rituels (fumigations, diètes, travail du tambour) nous permet de nous reconnecter au vivant, aux plantes, aux minéraux, aux éléments qui nous supportent et nous englobent.

Chaman, praticiens ou pratiquants, le but est d'avancer en harmonie sur un sentier de la vie qui nous ramènera chez nous. »

Pour moi, la personne qui a su le mieux transmettre le chamanisme en occident au travers de « La Voie du Sentir » est Luis Ansa.

Quelques exemples de ma pratique avec Mark :

Lors d'un rendez-vous, il me fit allonger, me demandant de fermer les yeux, d'écouter.

A peine installée, les yeux clos, j'ai entendu le son profond d'un tambour battre à rythme lent. J'ai entrouvert les yeux, je l'ai vu frappant à pulsations régulières dessus. Il m'a grondée, m'a dit de rester concentrée.

Retournée à mon centrage, le son du tambour a commencé à pénétrer tout mon corps jusqu'au fond de mon âme. Je me suis propulsée sous terre dans un large tunnel terreux. Je marchais, éclairée d'une lumière qui me devançait. Je suis arrivée dans une sorte de grotte voûtée où se trouvaient un grand nombre de personnes âgées de différentes époques. A l'arrêt du son du tambour, j'ai ouvert les yeux. Je lui ai raconté mon voyage. Il m'a dit que je venais de prendre contact avec tous mes ancêtres.

J'allais faire ce voyage au son du tambour ou du hochet à plusieurs reprises. A chaque fois, je ferais des rencontres improbables qui m'éclaireront sur moi, sur ma vie.

Une autre fois, il me conduisit dans la nature.

C'était une forêt parsemée de grosses roches granitiques. Nous avons emprunté un sentier. Au début de la marche, il m'a demandé de m'ouvrir à ce que j'allais ressentir dans le plus grand silence et avec le plus grand respect.

J'allais découvrir les êtres de la nature. Ils émergeaient de chaque roche, plante, arbre. Je me sentais si petite face à ce que je voyais. Aucun son n'aurait pu sortir de ma gorge même si je l'avais voulu. L'émotion était si grande !

Mark allait être le premier thérapeute à m'ouvrir la porte vers la connexion de l'ensemble de tous mes corps à mon contenant : le corps physique.

Comme beaucoup de personnes en démarche, je pensais, à tort, que tout le travail que j'avais effectué allait descendre tout naturellement dans mon corps physique. Je pensais que ce corps physique suivrait, ce qui, je le sais aujourd'hui, pour moi, est faux.

Le travail sur soi, véritablement abouti, doit se mener jusqu'au bout, jusque dans le corps physique.

Il est la dernière expression de l'énergie sur terre et le premier à devoir se mettre en route quand on naît, comme je l'ai déjà exprimé. Tous les règnes nous montrent comment nous y prendre, nous apportant un grand soutien sur notre chemin.

Je réalisais mieux ce qui s'était mis en place lors de mon voyage dans le désert, avec ma prise de conscience : « Je veux vivre mon incarnation sur Terre ».

Retour à ma vie, ma féminité

Après cette première étape, il m'a emmenée sur le terrain de ma féminité. Cette part de féminité, comme je l'ai déjà dit, s'était éteinte chez moi, au profit de la maternité, d'où déséquilibre.

Il allait m'aider à réveiller la femme endormie depuis trop longtemps en moi. J'allais entreprendre ma deuxième naissance en ayant à faire face définitivement à ma lignée maternelle, paternelle, mes ancêtres, mes programmations et mes démons...version chamanique celte. Le travail a été particulièrement éprouvant mais salutaire.

Toutefois, j'allais m'effondrer. Perdre pendant un temps tous les repères mis en place. Un jour, j'ai décidé de ne plus me lever, en hurlant au ciel qu'ils viennent me chercher, parce que c'était trop dur de vivre ici, sur terre. Avec ce travail, j'ai reconnecté avec la douleur que je portais en moi depuis l'enfance et j'ai touché le fond.

Tout ce que j'avais réalisé était-il une erreur ?

J'ai mis trois jours à me relever. Je me suis levée au troisième jour, calée, centrée, sûre de la femme que j'étais devenue, de ce que je voulais et surtout de ce que je ne voulais plus.

Comment allais-je m'y prendre pour installer ce nouvel équilibre vie professionnelle - vie personnelle auquel je ne pouvais plus me dérober ?

Lorsque je suis retournée voir Mark, afin de poursuivre ma troisième et dernière étape, il a voulu m'amener sur le terrain de ma foi, de ma conviction spirituelle.

Je ne sais pas si c'était volontaire, une erreur de sa part ou tout simplement parce qu'il pensait détenir la vérité ?

Je savais qu'il y avait une chose de très solide en moi, une seule chose, c'était ma foi et ma Reliance depuis toujours.

J'ai toujours vécu le fait que je me sentais reliée à Dieu et au Christique.

Je n'ai pas peur des mots car pour moi Dieu exprime " Le Sans Nom " et Christique est la voie du cœur, de l'amour. C'est ainsi que je me définis parce que c'est le chemin que j'ai choisi de prendre.

Il a tenté de me démontrer que j'étais dans l'erreur. Que l'Amour Christique était une hérésie, une fable. Quant aux Anges, Archanges, et tout ce à quoi je me sentais reliée, pour lui, c'était un joli conte. Pour lui, seuls les Celtes détenaient les clés. Je ne le comprenais plus.

Là, j'ai refusé de le suivre. Lors de notre dernier rendez-vous, je le lui ai dit haut et clair. Plus question de me remettre en cause si je ne trouvais pas cela juste. Enfin, j'affirmais mon autorité personnelle.

Nous avions compris que notre chemin ensemble n'irait pas plus loin. Il m'a orientée vers un autre Chaman. Une femme. Elle vivait en Suisse. Mark avait fait un travail avec elle – une Quête de Vision – en me disant :

- Je suis curieux de voir si tu auras le courage de faire la démarche.

C'était mal me connaître ou une provocation de plus de sa part. Tant qu'à y aller, autant aller jusqu'au bout.

J'ai réfléchi une semaine avant de contacter la dame conseillée. Mark m'avait bien dit qu'elle n'était pas facile à joindre. Je me suis fait la réflexion suivante :

- Si elle décroche tout de suite, c'est que je dois la rencontrer.

Gudrun COMTAT

Première sonnerie, elle décroche. Gudrun Comtat.

Formée par le Docteur Tal Schaller à Genève puis par José Gonzalez de Colombie lui-même initié par les Indiens Coreguajez d'Amazonie.

Nous avons échangé un long moment. Elle m'a informée qu'elle organisait une Quête de Vision fin juillet deux mille trois, il lui restait de la place. Nous étions fin mars.

Je lui ai fait parvenir mon inscription. Je devais y aller. J'ai reçu par retour du courrier tout ce qu'il était utile de savoir d'un point de vue logistique. Elle me recontacta une fois avant que je parte, afin de m'expliquer qu'à partir de mon inscription, un travail allait s'opérer en moi jusqu'à ce que nous nous rencontrions. Je ne devais pas en être surprise. Elle me demandait de réfléchir à deux choses :

- La première, d'après vous quel pourrait être votre animal totem ?

- La deuxième, qu'est-ce que vous aimeriez manger en rentrant de votre quête de vision ?

Elle m'a précisé que je devais l'écrire sur un papier à emporter avec moi lors de mon séjour chez elle.

Mon animal totem s'est imposé tout de suite : le loup. J'ai reçu de nombreux rêves concernant cet animal. J'en avais un, avec mon berger allemand et sa tête de loup. Nous formions un binôme inséparable depuis si longtemps. Quand je travaillais, il s'installait sous mon bureau, sans bouger, jusqu'à la fin de mes rendez-vous, excepté si les personnes refusaient parce qu'elles en avaient peur. Il faut dire qu'il était assez impressionnant. Une ou deux fois seulement, il est sorti de son panier pour tourner autour de ma table de travail, près des clients. Chaque fois qu'il l'a fait, c'était pour me signaler que la personne allait quitter ce monde. Il ne s'est jamais trompé.

Quant à ce que j'avais envie de manger, du fromage de chèvre sur une tartine grillée. J'ai toujours eu des goûts simples. J'ai noté sur mon papier, l'ai mis de côté n'y pensant plus.

Il y eut un troisième processus auquel je ne m'attendais pas. C'était une prise de contact en lien avec l'Archange Mickaël. Jusqu'à mon départ pour cette Quête de Vision, j'allais me réveiller régulièrement aux heures miroirs comme on les appelle pour écrire, jusqu'à cette dernière phrase que je recevrais « L'époux arrive ».

Une fois tout cela effectué, j'ai mis ma famille devant le fait accompli.

J'ai expliqué à mes enfants que je ne partirais pas en vacances avec eux, j'avais besoin de me retrouver seule, de faire le point avec moi-même. Ils ont accueilli ma décision avec une grande compréhension. Quant à mon mari, je ne lui ai pas laissé le choix.

C'était la première fois, en vingt ans, que j'allais partir de la maison, seule, durant neuf jours.

Notre couple n'était plus qu'une façade pour tout le monde, peut-être cette séparation nous permettrait-elle de trouver le remède à la guérison de notre union ?

Le jour du départ s'est présenté. Harnachée d'un gros sac à dos, de ma tente, j'ai pris le train, direction Genève, de là, je prendrais un bus me conduisant jusqu'à Gudrun.

Je n'avais absolument aucune idée de ce qui m'attendait, je me sentais bien fébrile.

Déjà en arrivant à la gare de Genève, il m'est arrivé quelque chose d'impensable. En descendant du train, si je ne m'étais pas retenue de toutes mes forces, j'aurais embrassé le sol. Inutile de vous faire un dessin de ce qui se serait passé. Et pourtant, c'était comme si je retrouvais ma terre natale après des siècles, alors que dans cette vie-ci, je n'y avais jamais mis les pieds. Je découvrirais plus tard en retournant à plusieurs reprises à Genève, que j'avais eu une vie passée en Suisse. Cela me sera confirmé par Gudrun.

A l'arrêt du bus qui se trouvait être le terminus, je l'ai aperçue assise, m'attendant, sereine.

Une femme d'âge mur, cheveux blonds ondulants mi-longs, une peau laiteuse dotée d'un regard bleu ciel acier, perçant. Se dégageait d'elle une énergie, une lumière toute particulière.

J'étais intimidée, en même temps, j'ai senti une connexion s'installer tout de suite entre nous. Elle m'a accueillie très chaleureusement, tout simplement, avec son accent Suisse.

Après de brèves présentations, elle m'a conduite jusqu'à chez elle. Elle vivait dans un quartier de la banlieue de Genève limitrophe entre la frontière suisse et française, proche des montagnes, dans une maison sobre. Dans son jardin, devant la maison s'érigeait un tipi.

Bien qu'il n'y ait aucune barrière ou portail pour franchir les quelques mètres qui nous séparaient de la porte d'entrée, j'ai été surprise de buter sur une barrière invisible au point que j'ai trébuché, ce qui l'a fait bien rire. Tout en me rattrapant par le coude, elle m'a expliqué qu'à partir de là, c'était son territoire et qu'elle aimait bien que les personnes s'en souviennent. J'ai pris note.

Il y avait deux autres participants déjà présents. Un garçon de trente ans et une dame d'une soixantaine d'années, plus son amie québécoise qui avait un rôle d'intendante.

Nous avons fait connaissance rapidement. Gudrun nous a expliqué que les chambres avaient été attribuées en fonction de ce qu'elle avait ressenti pour chacun d'entre nous. C'est ainsi que je me suis retrouvée dans la chambre intitulée Archange Mickaël. J'étais sidérée.

En entrant dans ma chambre, j'ai aperçu au-dessus de la tête de lit, douze photos représentant les douze Archanges. Je restais interloquée. Gudrun a posé sa main sur mon épaule et m'a dit :

-     Comme ça, vous ne serez pas dépaysée.

Et pour la petite histoire, son lieu de vie s'appelait : le centre Mickaël.

Nous avions quartier libre jusqu'à dix-neuf heures, heure du dîner, le temps de prendre nos marques.

J'étais déracinée. J'ai senti monter une de mes fameuses migraines accompagnées de nausées, comme j'avais l'habitude de vivre depuis quelque temps.

Incapable de dîner, je me suis excusée et ai préféré m'aliter. Qu'est ce qui m'avait pris de venir ici ? Mes enfants me manquaient. Gudrun passa pour voir si tout allait bien, je lui dis qu'après une bonne nuit tout rentrerait dans l'ordre… n'étant pas dupe, elle se retira me laissant à mes états d'âme.

J'allais passer toute la nuit à vomir au-dessus de la cuvette des toilettes. Tu parles d'une nuit de repos !

Le lendemain matin, en descendant prendre ce que je pouvais de petit déjeuner, je me suis blindée. Je n'avais pas envie d'être sollicitée par de quelconques questions, mais cela ne fut pas le cas.

La première matinée allait être consacrée à la prise de contact des autres personnes. Gudrun s'est présentée comme une Accompagnatrice Spirituelle Christique Amérindienne. Elle nous a précisé qu'il ne serait pas fait usage de substances particulières pour cette Quête de Vision, comme cela peut être le cas avec d'autres chamans, expliquant qu'à ses yeux c'était inutile. Ce qui me rassura.

A la pause, elle m'a prise à part. Elle m'a dit que le nettoyage avait commencé plus tôt pour moi mais que ça irait mieux d'ici quelques heures, ce qui s'est produit.

La Quête de Vision allait se vivre de trois jours en trois jours :

Les trois premiers jours furent consacrés à la Quête avec un ensemble de travail sur soi : nombreuses méditations d'ancrage et d'ouverture de la conscience et du cœur, mise en place du jeûne, danses indiennes, travail avec le tambour, les hochets, chants, écriture, lecture, temps de silence, marche et préparation d'une bougie qui serait le lien entre la maison et moi durant mes trois jours dans la montagne.

Les trois jours suivants nous conduiraient dans la montagne, en altitude. Le lieu où chacun se pose est lié aux trois jours de préparation. J'ai donc planté ma tente à mille deux cents mètres, là où les arbres sont encore présents. J'avais pour tout bagage : ma tente, mon duvet, les vêtements portés, un tout petit pot de miel - comme ceux qu'on trouve dans les hôtels - et notre eau ; un litre d'eau neutre et un litre d'eau intentionnée. Nous n'emportions pas de nourriture puisque la Quête de Vision doit se vivre à jeun. L'intention est en lien avec notre Quête. Cette initiation est là pour trouver une ou des réponses. J'avais pris sans rien dire à personne une toute petite boîte d'allumettes pour faire un feu si nécessaire.

Les trois derniers jours étaient consacrés au retour, au sens propre comme au figuré. Un repas de fête était dressé pour clôturer la Quête. Quelle ne fut pas ma surprise de découvrir dans mon assiette, ma tartine de pain grillée avec du fromage de chèvre.

Durant mon séjour dans la montagne, j'ai eu la visite de Gudrun. Je l'ai sentie près de moi comme si elle avait été vraiment là physiquement, impressionnant.

Je ne vais pas aller au-delà du descriptif. Je pourrais écrire un livre sur ma seule Quête de Vision.

Après avoir trouvé mes réponses, au retour, mon rapport aux autres allait fondamentalement changer, y compris dans mon cercle d'amis. Peu d'entre eux allaient comprendre, accueillir ce changement.

Tout juste revenue, j'ai averti mon mari que je retournerais quelques jours en septembre en Suisse. Gudrun organisait la venue du Lama Lobsang Thamcho Nyima, maître Boudhiste, médecin et astrologue. C'était la première fois qu'il sortait de son Tibet natal. Il venait enseigner la Phowa. Pour rien au monde je n'aurais voulu manquer cette rencontre, même si je n'étais pas du tout dans la mouvance bouddhique. Il fallait que je rencontre cet homme.

Là aussi, je ne peux pas m'étendre sur cette rencontre mais ce fut… je ne trouve pas les mots… Ce fut.

J'ai tenu entre temps à retourner saluer Mark pour le remercier du chemin parcouru avec lui, de m'avoir permis de rencontrer Gudrun. Ce serait la dernière fois que je le verrais.

Quelques années plus tard, je recevais ce rêve :

Mark marche vers moi, torse nu et pieds nus. Nous nous croisons en silence, chacun prenant son propre chemin. Il porte sur son épaule droite un magnifique cerf mort aux bois imposants, je me réveille.

Trois jours après, j'ai reçu l'appel d'une amie qui savait que je le connaissais bien. Elle m'informait qu'il était décédé dans sa cinquantième année.

De retour en Suisse, je rencontrerais Frédéric. Il deviendra un grand ami. Ami avec lequel j'ai pensé à un projet dans le désert avec les pierres. Cela fait partie de mes regrets : ce projet n'a jamais pu se concrétiser. Cette amitié à ce moment-là de ma vie, m'a été d'un immense secours et d'un grand réconfort.

J'ai fait venir Gudrun pour qu'elle puisse transmettre ses initiations. Elle est la seule, parmi tous les thérapeutes reçus, à m'avoir dédommagée pour son accueil. Je l'ai revue encore une fois après mon divorce, puis chacune est retournée à sa vie.

Je savais qu'elle avait un projet avec les enfants en Afrique.

Au moment où j'écris ces lignes, j'ai voulu voir ce qu'elle était devenue. J'ai donc fait des recherches sur le net. J'ai découvert qu'elle nous avait quittés en deux mille dix sept : « Gudrun nous a quittés dans la joie le 21 avril 2017 ». C'est un gros pincement au cœur d'apprendre qu'elle est partie.

Il existe un site dédié à son travail où chacun peut encore recevoir son enseignement, un précieux héritage qu'elle nous a laissé. Il s'appelle La Présence. Pendant la rédaction de ma rencontre avec Gudrun, un oiseau est venu deux fois frapper à ma fenêtre….

Le chemin parcouru

J'ai démarré mon sentier du cristal sur terre dans les années mille neuf cent quatre- vingt- dix, ce qui m'a amenée jusqu'en deux mille quatre avec tout le parcours professionnel et personnel.

J'ai poursuivi un temps l'accueil d'autres thérapeutes.

J'ai aussi donné une conférence qui viendrait sceller tout le travail accompli.

Des conférences, j'en ai organisé plus d'une un peu partout en France mais celle-là allait être toute particulière pour moi. Elle s'est déroulée au sein de l'université d'été des Médecines d'Avenir de Saintes à côté de la magnifique basilique.

J'ai accepté sans trop me poser de questions. Habituée à donner des conférences face à un petit public, je ne me suis pas renseignée plus. Une fois sur place, j'ai découvert un colloque avec un grand nombre de personnes, d'exposants, de conférenciers de renom comme on dit.

Ma conférence se déroulait en soirée. J'étais venue accompagnée de mes deux garçons et d'une amie.

Lorsque j'ai pénétré dans le lieu où devait se dérouler ma prestation, d'un coup, j'ai senti que mes jambes ne me portaient plus. J'avais devant moi une salle comble. Plus de trois cent cinquante personnes avaient fait le déplacement pour assister aux conférences dont la mienne.

Pétrifiée, j'ai fait demi-tour. Mon amie m'a rattrapée. Elle m'a emmenée dans la basilique afin que je me reprenne, que je me recentre, ce qui a été bénéfique.

Le moment venu, je suis montée sur la grande estrade. Mon ami organisateur, assis dans un coin reculé, m'a encouragée du regard, il avait perçu mon angoisse.

J'ai démarré laborieusement, la gorge sèche, j'ai bafouillé ; mon cœur battait à tout rompre… J'ai décidé alors de m'adresser à cette salle comble. Je me suis excusée auprès des participants, les priant de bien vouloir m'accorder quelques instants. Je me suis déchaussée pour relancer mon ancrage, ce qui les a fait bien rire, j'ai ouvert mon cœur en grand intérieurement, ai fait appel à mes Accompagnants, ai laissé tomber mes notes.

La salle a été envahie d'une énergie d'amour que je voyais : un nuage lumineux s'est diffusé, s'est répandu dans toute la salle.

Confiante, je me suis ouverte à ce qui allait passer à travers moi.

J'avais toutes ces paires d'yeux fixées sur moi, j'ai entendu :

- Vois le chemin que tu as parcouru.

A la fin de mon exposé, les questions ont fusé. Cette conférence a dépassé largement le temps octroyé : un moment gravé à jamais dans ma mémoire.

Accepter un nouveau cycle

J'ai eu beau retarder, repousser, lutter contre l'inexorable décision de la séparation qui se profilait à l'horizon. J'étais comme en terre d'exil dans ma propre maison mais, je continuais à faire comme si. Comme si tout pouvait continuer comme avant, le travail, la famille, notre couple. Mais le cœur n'y était plus. La fin de l'année est arrivée ainsi que la fin d'un cycle.

Un matin de novembre de deux mille quatre, bien froid, où je venais d'emmener mes enfants à l'école, sur le chemin du retour, j'ai fait une attaque de panique au point de devoir arrêter la voiture en rase campagne.

Je suis sortie pour faire quelques pas, pour me reprendre. J'étouffais.

Tentant de reprendre mes esprits, j'ai entendu :

-   Catherine que fais-tu ?

Le sol s'est dérobé sous mes pieds. Je me suis retrouvée assise dans l'herbe humide, transie par le froid, en larmes. L'injonction était si sévère.

Une image intérieure - un faisceau de lumière vertical reliant la terre et le ciel - puis quelques mots s'imposant dans une infinie douceur

-    Seuls, l'amour, le cœur comptent, Catherine

J'avais accumulé beaucoup de techniques énergétiques afin de m'éclairer, pour aider les autres ainsi que moi-même. Année après année, je m'étais, paradoxalement, éloignée de mon propre chemin de cœur.

Je m'étais quittée d'une certaine manière, persuadée d'avoir une mission à accomplir. Une mission pour laquelle il n'y avait pas de place pour moi en tant que personne.

Je croyais avec sincérité que je ne pouvais pas tout avoir : l'amour reçu d'en-haut partagé avec les autres et l'amour de l'être aimé ainsi que l'amour de moi. J'avais cru que le ciel, la vie m'avaient demandé de choisir en renonçant à la part d'amour auquel chacun a droit. Il est impossible de donner aux autres ce que l'on ne se donne pas à soi même et j'avais enfin compris qu'aimer, c'est avant tout recevoir.

La terreur profonde d'un avenir différent, incertain, à l'opposé de tout ce que j'avais construit, soulevait en moi une résistance titanesque, résistance qui finirait par céder. Qu'allais-je faire vivre à mes enfants ? Quels seraient leurs avenirs, le mien ?

Pour tenter une dernière démarche, j'allais exiger du père de mes enfants une thérapie de couple. Elle ne fit que sceller notre sort. Sans regret, j'avais tout tenté.

Je fais ce rêve étrange

J'ouvre la fenêtre de ma chambre donnant sur notre parc arboré. Au lieu du paysage habituel, je vois la savane africaine avec girafes, antilopes, lions. Ce rêve sera récurrent jusqu'à la séparation, sans comprendre pourquoi. La réponse viendrait plus tard, lorsque le père de mes enfants épousera sa nouvelle compagne, native du continent Africain.

A force de lutter, mon corps a lâché. J'ai consulté un Naturopathe pour m'aider.

Les coordonnées de ce monsieur ne m'étaient pas inconnues. Cinq ans auparavant, je l'avais contacté pour un rendez-vous. Mais lorsque j'avais entendu sa voix, ressenti son énergie puissante émaner de lui, j'avais raccroché tout de suite, prétextant une erreur.

Mais cette fois-ci, bien que la voix, l'énergie n'aient pas changé, j'ai pris rendez-vous.

Je sonne.

Un homme d'une stature physique, d'un charisme impressionnant avec un je ne sais quoi d'« ours mal léché » m'ouvre. L'espace d'un court instant, le temps suspend son vol. Je m'assois dans la salle d'attente.

Plutôt que de dire le motif réel de ma venue, à savoir que ma vie sentimentale partait en lambeaux, que mon corps était en train de lâcher, je m'entends lui dire que j'ai des problèmes de poids, lui de me répondre :

- A Dachau y avait pas de gros ! Déshabillez-vous et
racontez-moi vos malheurs.

Zut, où ai-je encore mis les pieds ?

Il a entamé la conversation, tout en travaillant, jusqu'au moment
où il a fait le lien avec qui j'étais - La dame aux pierres - dont il
avait entendu parler. Il m'a entreprise, non sans une bonne dose de
cynisme sur mon travail, mon éventuel contact avec les anges.

Je sentais que pour lui, j'étais perchée. Je ne me suis pas laissée
démonter par ses propos. Je l'ai regardé droit dans les yeux. Il a
soutenu mon regard sans aucune acrimonie. Je lui ai demandé :

- Vous aimez vos enfants ?
- Bien sûr, quelle question !
- Alors posez-moi là, sur la table, cet amour que vous me
  dites avoir pour eux, je veux le voir.
- Mais ce n'est pas la même chose.
- Ah mais, si. Cette sensation, cette émotion, cette énergie
  que vous ressentez, éprouvez, vivez en vous à chaque fois
  pour vos enfants, vous ne pouvez pas me les prouver, ni

me les faire voir, pourtant à aucun moment vous ne doutez, vous en êtes convaincu. Vous savez que ce que vous vivez est vrai, réel. Bien voyez- vous avec les pierres, les anges, tout le reste d'ailleurs, c'est pareil !

Silence

L'atmosphère s'est détendue, a ouvert encore plus à l'échange. De rendez-vous en rendez-vous, nous allions tisser des liens amicaux. Au cours de nos conversations, j'avais compris qu'il traversait une période douloureuse suite à son divorce. Comme je le comprenais ! Son travail m'a remise sur pieds.

Cette amitié naissante s'avéra très différente de toutes celles que j'avais pu vivre jusqu'à ce jour.

J'aimais son franc parler, sa droiture, aucune demande, aucun intérêt, aucune équivoque, une vraie bouffée d'oxygène. Son cynisme me faisait rire car je savais qu'il cachait une très grande sensibilité.

De plus en plus isolée, nous nous sommes rapprochés amicalement, enfin c'est ce que je pensais. Je n'avais rien vu venir.

J'allais, à quarante-cinq ans, me retrouver mère célibataire avec trois enfants qui entraient dans l'adolescence. J'avais fait une croix sur les hommes. Je n'y croyais plus, j'avais accepté. Même si je savais cet homme seul avec ses deux enfants depuis cinq ans, en quoi sa vie privée me concernait-elle ? Je ne m'étais donc jamais interrogée sur ses histoires de cœur.

Pendant ce temps-là, mon mari et moi ne partagions plus rien. Chacun vivait sa vie de son côté. Un soir, je me suis octroyé le droit d'aller au cinéma avec cet ami. C'était vraiment nouveau pour moi, cette liberté retrouvée.

Le voir me faisait du bien, parce qu'il ne me prenait pas la tête. Après la séance, il m'a proposé d'aller boire un verre. Pour la première fois de ma vie, un homme allait s'ouvrir et déposer son amour à la porte de mon cœur sans exiger quoi que ce soit de plus.

Le ciel me tombait sur la tête ! Je suis restée sans voix : mais bon sang que c'était doux à entendre ! Chacun est rentré chez soi.

Au retour, seule à mon volant, j'ai contacté une paix immense, profonde, je me sentais alignée, dans ma verticalité. J'ai remercié le Ciel d'avoir reçu ce merveilleux cadeau.

Toutes ces dernières années, je faisais cette demande :

- Accordez-moi l'amour dans ma vie avant de quitter cette terre.

Mes vœux venaient d'être exaucés. Quoi qu'il advienne, à cet instant, je pouvais mourir. Il y avait, hormis mes enfants, une personne qui m'aimait telle que j'étais, pour ce que j'étais réellement et surtout, ne me demandait rien.

- Je t'attendais. Je savais que tu viendrais. J'attendrai le temps qu'il faudra, m'avait-il dit en partant.

Ultime voyage en Suisse

J'ai appelé mon ami Frédéric afin qu'il m'accueille le temps d'un week-end.

J'avais besoin une ultime fois de m'isoler pour trouver la force de ma décision. Cela faisait plusieurs jours que j'étais chez lui. Bien consciente que je n'étais pas une présence toujours agréable, voire une sinécure compte tenu de mes états émotionnels. J'ai décidé de m'éclipser la journée pour laisser mon hôte respirer.

Comme il habitait tout près du lac Léman, j'ai entrepris une longue marche puis, lasse, je me suis assise les pieds dans l'eau, et j'ai regardé le paysage magnifique.

 J'ai lancé un appel à l'univers :

- Seigneur, je t'en prie, envoie-moi un signe.

C'est alors que de l'autre côté de la berge, un magnifique cygne blanc s'est dirigé paisiblement vers moi. Il s'est positionné juste face à moi, nageant sur place. Nous nous fixions son regard dans le mien. J'étais émerveillée.

Mon portable s'est mis à vibrer. C'était la voix de mon ami. Je lui ai fait part que j'étais de nouveau en Suisse pour prendre une décision. Notre conversation terminée, le cygne s'est éloigné, comme il était venu.

Le soir même, j'appelais mon mari pour lui annoncer que je demandais le divorce.

Le 1er décembre deux mille quatre, je suis partie sans me retourner.

Presque toutes les personnes présentes, à de très rares exceptions près, de mon ancienne vie : ami(e)s, collègues thérapeutes, clients, familles allaient vivre mes choix comme une trahison, un abandon voire une usurpation.

Elles se sentaient flouées, bernées. Beaucoup m'ont fait porter l'entière responsabilité de la séparation, sans chercher à comprendre. J'avais toujours gardé le silence, donné le change !

J'avais brisé leur rêve, leur projection idéale sur ma vie, sur notre couple. A aucun moment je n'avais, nous n'avions désavoué. Un très grand nombre s'est positionné, m'a tourné le dos. Il m'est arrivé de croiser certaines personnes en centre-ville. Je ne suis pas quelqu'un de rancunier, je ne vois donc pas pourquoi je ne les aurais pas saluées...mais quand la personne tourne la tête ou change de trottoir et bien, vous acceptez son choix. Son attitude lui appartient. C'est triste mais c'est ainsi.

Je subirais médisance, rumeur allant jusqu'à colporter que j'avais quitté Poitiers.

Mais que pouvais-je faire contre cela ?

La liberté d'être a un coût vis-à -vis des autres. Comme dit Paulo Amaro : " L'avis des autres, c'est la vie des autres."

J'avais quitté définitivement ce que j'avais pris pour un éden. J'ai laissé derrière moi, comme une mue, mon ancienne vie.

Je n'avais pas échappé à mon « Passage au Cœur ».

Un nouveau chapitre de ma vie démarrait avec une véritable histoire d'amour. L'avenir s'ouvrait à l'inconnu, et c'était sans compter sur le travail à poursuivre avec mes Accompagnants.

J'ai trouvé une petite maison en location près du centre-ville où mes enfants et moi-même habitions, il était capital que je puisse offrir une chambre à chacun.

Avec l'accord de ma propriétaire, j'ai pu continuer à exercer en transformant mon petit salon en cabinet.

J'ai dû repartir de zéro. Ma clientèle avait presque entièrement disparu. D'un planning à trois mois de délais, je suis passée à trois clients par semaine. Dur à vivre, à tout point de vue. Je me suis accrochée, ma nouvelle vie s'est organisée.

Je me suis recentrée sur mes priorités, à savoir : mes enfants, ma relation amoureuse naissante, mon travail. Précisément dans cet ordre-là.

J'étais heureuse, libre, sereine comme je ne l'avais jamais été auparavant.

Nous allions patienter cinq ans avant de vivre ensemble. « Chat échaudé craint l'eau froide » dit l'adage. Nous allions traverser beaucoup d'adversités mais notre amour était, reste jusqu'à ce jour, vrai, profond et fort.

Pour relancer mon activité, je me suis déplacée partout en France. Conférences, stages, salons de bien-être. Mes pierres et moi, prenions la route pour apporter notre travail. Il fallait bien que je m'en sorte, j'en avais vu d'autres ! Et mon nouvel ami, malgré son activité, assurait en ce qui concerne la gestion de nos cinq enfants.

Petit à petit, j'ai remonté la pente professionnelle, soutenue, parfois secouée par mon amoureux. J'ai dû multiplier la communication, ma visibilité : cartes de visites, flyers. Je faisais le tour des magasins bio, boutiques ésotériques, librairies, magasins de pierres.

Un jour, poussée par mon fils cadet, je me suis ouverte aux réseaux.

- C'est l'avenir, maman, pour nous les réseaux sont importants.

J'ai construit mon site, mon blog.

Issue de la génération d'avant les ordinateurs, les portables, il a bien fallu que je m'y mette donc je m'y suis mise.

Avec des moyens financiers réduits, j'ai construit mon site, mon blog toute seule. Par la suite, je serais aidée par mon ami Kévin, un jeune client que j'ai accompagné, rompu à tout cela. Je lui en suis reconnaissante.

Avec le recul, être sur les réseaux ne m'a absolument pas apporté de clientèles supplémentaires ou très peu.

Peut-être ne suis-je pas une bonne communicante car trop puriste ? Il y a sûrement de cela.

Les réseaux, c'est la porte ouverte à tout et n'importe quoi. Il est bien difficile de faire la part des choses. Surfer sur les vagues intellectuelles superficielles, être confronté au « magique » au mauvais sens du terme, aux arnaques possibles en tout genre, aux sollicitations sentimentales quand elles ne sont pas purement et simplement sexuelles, aux personnes qui s'inventent une vie, cachées derrière leur ordinateur, aux querelles stériles, aux règlements de compte, aux invectives en tout genre sur n'importe quel sujet etc.

Côté énergie : vous vous faites vite happer. Vous basculez dans un espace-temps où, finalement, vous passez beaucoup de temps à y perdre votre temps ainsi que toutes vos énergies. Il y a déconnexion de la réalité pour la fuir, ne pas la vivre.

Il y a une grande demande de personnes cherchant de l'aide. Elles veulent des réponses tout de suite : pas de problèmes pour vous solliciter un dimanche ou à trois heures du matin. Elles sont dans l'immédiateté : pas d'investissement personnel ou si peu, bien sûr il y a des exceptions. Elles veulent le remède miracle, pas question de fournir les efforts nécessaires et indispensables pour se sortir de leur mal-être.

Vous aurez compris, je ne suis pas du tout fan, adepte des réseaux, du net. Aujourd'hui, je les utilise avec une très grande parcimonie.

Toutefois, je reconnais qu'après avoir compris comment naviguer sur la toile, les réseaux, j'ai pu tirer mon épingle du jeu en découvrant de beaux sites, en y faisant quelques rencontres magnifiques, bien trop rares à mon goût. Et puis, nous qui avons des enfants à l'étranger, être en contact avec eux grâce aux réseaux, c'est quand même bien mais la « vraie vie » n'est pas sur les réseaux.

Mon activité relancée, ma clientèle s'est étoffée de nouveau. Cependant, j'ai décidé de travailler à un rythme différent, dans un état d'esprit lui aussi très différent. Je devais maintenir, coûte que coûte, l'équilibre trouvé entre vie professionnelle et vie privée.

Fin deux mille neuf, début deux mille dix, retour au corps physique dans ma pratique

Pour faire face à un changement de vie, une transformation profonde, un changement de cap, mieux vaut avoir l'énergie vitale pour le faire.

Plus les années ont passé, plus j'ai observé que la clientèle reçue, s'enfonçait dans des souffrances de plus en plus nombreuses et variées, comme si les processus s'accéléraient entraînant une dégradation du corps physique et ce, de plus en plus jeune.

La manière dont j'ai abordé ce virage dans ma pratique n'a pas toujours été comprise, entendue.

Dans le développement personnel, comme je l'ai déjà dit, je l'ai cru moi-même durant un temps, les personnes pensent que l'esprit peut tout sur la matière, le corps. De mon point de vue, ce qui n'engage que moi, c'est plus complexe qu'il n'y paraît.

Je faisais le constat soit d'un culte du physique pouvant mener jusqu'à l'extrême, soit d'un mépris, d'un rejet vis à vis de ce corps (pour faire simple). Ces attitudes témoignent d'une maltraitance de soi.

Force est de constater qu'une partie de l'humanité n'accepte pas son incarnation. Ce n'est pas un jugement de ma part, lorsque l'on voit tout ce qui se passe dans le monde on peut avoir envie de le fuir, c'est compréhensible mais ce n'est pas juste.

Mes Accompagnants m'ont montré tout l'intérêt qu'il y avait à prendre soin de son corps et plus particulièrement de la première porte énergétique du corps humain soit le chakra racine situé dans la zone génitale.

J'aime à expliquer qu'il se « compose » de quatre piliers fondamentaux en lien avec la terre, l'eau, le feu et l'air – eux-mêmes reliés aux différents corps énergétiques.

Pour aller plus avant dans mes explications : le corps physique, comme le minéral, porte toute l'information.

Il est fondamental de mettre ou remettre de l'harmonie dans ses quatre piliers et il devient indispensable d'apprendre à bien manger, bien boire, bien respirer et bien se ressourcer.

Ce qu'il faut bien comprendre c'est que ce processus si simple soit-il se répercute et est réellement bénéfique dans l'ensemble de l'être.

Ainsi, avant toute plongée dans leur histoire, quels que soient les motifs de leur venue, je demande à mes clients :

Comment ils mangent, boivent, respirent et se ressourcent.

Il est particulièrement édifiant de voir à quel point les personnes ne s'intéressent plus du tout à cela. A priori pour bon nombre d'entre elles, c'est vraiment devenu très ennuyeux. Le quotidien est devenu ennuyeux.

Elles sont souvent surprises lors de leur première séance de ce que je leur propose de faire.

Certes, pour beaucoup s'obliger à revoir ses habitudes et ses pratiques apparaît vraiment banal, inutile et surtout contraignant.

Je leur explique que les pierres ne peuvent pas tout. Les pierres ne soignent pas, comme je n'ai cessé de le dire.

L'information que les pierres transmettent rejoint ce que la personne porte en elle depuis toujours ou devrait porter.

La connexion entre les pierres et la personne, permet de réveiller ses forces, pour qu'elle refasse surface, se remette en marche après avoir franchi tous les encombrements installés pour aller mieux.

Le mieux-être ne peut pas revenir sans une participation active, une remise en cause sur tous les plans de l'individu, y compris dans les gestes les plus simples de la vie quotidienne.

Les pierres, elles, soutiennent, renforcent, dynamisent, équilibrent, fluidifient, harmonisent, apaisent, sécurisent etc.

Si les personnes sont allées trop loin dans l'abandon de leur propre bienveillance envers elles-mêmes, elles vont être inexorablement obligées de « mettre la main à la pâte » pour inverser les processus. C'est incontournable.

Le leitmotiv de leur demande est neuf fois sur dix :

« Je suis fatiguée, je suis stressée, je dors mal, je suis angoissée ».

Bien sûr que derrière ces leitmotivs se cachent d'autres soucis, mais de l'œuf ou de la poule qui est arrivé en premier ?

Suivant l'histoire des personnes, je me dois de les aider à se reconstruire en partant du constat de leur état au moment où elles consultent. Si la personne est épuisée, dort mal, mange mal, respire mal, comment va-t-elle s'y prendre pour faire des prises de conscience afin d'opérer des changements concrets dans sa vie sur tous les plans. Cela peut s'avérer très difficile, pour certains, impossible.

Il est donc primordial de « remettre de l'essence dans le moteur » avant de partir en voyage !

Pas d'énergie vitale ou si peu, comment avoir la force pour affronter son chemin de vie !

Si la personne retrouve le sommeil, l'appétit...le goût aux choses simples, elle reprend vie petit à petit. Grâce à une énergie vitale de nouveau fonctionnelle, elle est armée pour opérer les changements, à son rythme.

Revenir aux choses simples de la vie ! Un vrai challenge aujourd'hui !

Les amener à prendre du temps pour eux, à mettre en place une bonne alimentation, une bonne hydratation, apprendre à mieux respirer, savoir s'accorder des temps de ressourcement en allant marcher par exemple, en faisant de la méditation ou en pratiquant une activité créatrice se révèlent une contrainte difficilement surmontable et pourtant...Quand elles s'y mettent, elles se rendent compte au final que tout cela n'était pas si compliqué, que cela n'était pas si long. Elles découvrent et comprennent l'intérêt qu'il y a à poursuivre en maintenant cet équilibre entre le corps et l'esprit.

Ainsi, la nutrithérapie est entrée dans ma pratique, afin de compléter le travail.

Hippocrate a très bien résumé les choses :

- Que ton aliment soit ta seule médecine.
- L'homme doit harmoniser son corps et son esprit.

J'ai poursuivi de cette façon jusqu'à ce jour, en partant du corps physique puis en travaillant sur les aspects psycho-affectifs, émotionnels et mentaux et enfin spirituels.

J'accompagne la personne à faire le grand ménage intérieur, l'aide à adopter et installer définitivement de nouveaux comportements pour son équilibre de vie. Tout ceci doit lui permettre de se reconnecter à toutes ses qualités d'être, et la conduire à son essence, afin qu'elle puisse l'exprimer et la partager sur terre.

Voici que je m'approche maintenant du terme de mes écrits. C'est vrai, il m'a fallu faire des choix dans ce que j'allais partager avec vous.

Comme me disait une amie :

- Il va vous être impossible de tout raconter.
  Oui, il y aurait tant à raconter !

Toutes les personnes accompagnées, ainsi que mes Accompagnants de Lumière ont été, sont et resteront mes cailloux blancs sur mon propre chemin.

Je les remercie profondément, du fond du cœur, de m'avoir permis de vivre ces magnifiques partages constructifs, qu'ils aient été simples, fluides, difficiles ou douloureux.

J'ai pu enfin comprendre pourquoi j'étais venue sur terre. Tout fait sens.

Après trente-trois ans de parcours, quel beau chiffre ! Âgée de 64 ans, je prépare ma sortie professionnelle.

Je sais qu'à la lecture de ces lignes beaucoup de personnes se retrouveront dans mon vécu. J'espère que cela les confortera à ne jamais douter de ce qu'elles portent, de ce qu'elles ressentent. Je les encourage avec tout l'amour qu'il m'est possible de transmettre, à marcher, à se mettre en route vers une connaissance profonde d'elles-mêmes afin qu'elles puissent se réaliser, ici, sur notre Terre bien-aimée. Qu'à leur tour, elles offrent en partage ce qu'elles sont, avec cœur, amour et authenticité, comme je l'ai toujours fait ou du moins du mieux que je le pouvais.

De nouveau, un cycle se termine. Je me prépare à en ouvrir un autre avec mon amoureux. Je m'en réjouis d'avance.

« Aujourd'hui

Je pourrais demander beaucoup de choses à Dieu,

mais je n'en demanderai que deux

Qu'il me montre toujours le meilleur chemin

et que j'aie assez de santé pour en profiter. »

Auteur inconnu

VOYAGE DU CŒUR

PRIÈRE DE GRATITUDE

Cette prière a été écrite par « Cinquième Saison », chaîne sur Youtube.

« Cher univers, vaste océan de lumière et de mystère

Source intarissable de tout ce qui respire et aspire

Je te remercie pour le miracle de la vie qui coule dans mes veines

Pour chaque respiration qui fait danser mes poumons comme des feuilles au vent

Merci pour le temple qu'est mon corps, pour sa capacité à guérir et à se régénérer

Pour chaque pas sur le sol sacré de la terre

Je te remercie pour le réseau complexe de relations qui forme la toile de mon expérience

Pour chaque sourire échangé, chaque éclat de rire partagé, chaque larme séchée et chaque épaule sur laquelle se reposer

Merci pour les mentors qui m'ont guidé

Merci pour les âmes sœurs qui ont croisé mon chemin

Et même pour les ombres qui m'ont fait voir la lumière

Je te remercie pour la grandeur époustouflante de la nature

Pour le doux murmure des ruisseaux et le rugissement des océans

Pour la palette infinie de couleur qui orne les ciels au lever et au coucher du soleil

Merci pour les saisons qui peignent notre monde de mille et une couleurs

Merci pour les animaux qui partagent cette terre avec nous

Merci pour chaque bourgeon au printemps et chaque feuille en automne

Je suis infiniment reconnaissant pour les portes qui se sont ouvertes devant moi et celles qui se sont fermées derrière moi créant ainsi le paysage unique de mon destin.

Je te remercie pour chaque échec qui a été un tremplin, chaque succès qui a été un phare et chaque opportunité qui a été une clé vers un monde inconnu.

Je te remercie pour le cocon de mon foyer, pour la chaleur d'un repas partagé, pour le doux contact d'un tissu sur ma peau

Merci pour les objets qui racontent des histoires et les souvenirs qui constituent le trésor de mon intérieur

Je suis éternellement reconnaissant pour les jardins secrets de mon âme

Pour la musique intérieure que je peux jouer

Pour les couleurs que je peux peindre dans les coins reculés de mon imagination

Merci infiniment pour chaque moment d'euphorie, chaque étincelle d'intuition, chaque élan du cœur qui a changé le cours de mon voyage

Je te remercie pour le livre ouvert de mes expériences

Pour chaque chapitre écrit et chaque page encore vierge

Merci pour les voyages qui m'ont élargi l'esprit

Pour les aventures qui m'ont donné des ailes

Pour les défis qui ont aiguisé mon esprit et renforcé mon caractère

Je te remercie pour le tissu multicolore de ma culture et de ma communauté

Pour les chants qui résonnent dans ma mémoire

Pour les histoires qui ont bercé mon enfance

Pour le patrimoine qui est le sol nourrissant de mon identité

Cher univers, je te remercie pour les moments silencieux de connexion spirituelle, pour la flamme intérieure qui ne s'éteint jamais

Pour les murmures divins qui apaisent mon esprit parfois agité

Merci pour le sentiment de paix qui descend sur moi comme une pluie bienveillante lavant toutes mes inquiétudes

Je suis béni par le temps que je peux savourer

Par chaque seconde qui est un joyau scintillant

Par chaque sourire partagé qui est un trésor éphémère

Par chaque étreinte qui est une éternité en soi

Je suis libre et, pour cette liberté, je te remercie

Pour chaque choix qui m'est offert

Pour chaque décision qui me façonne

Pour chaque voix qui s'étend devant moi telle une forêt mystérieuse ou un désert ensoleillé

Je te remercie pour la graine d'impact que je peux planter

Pour la lumière que je peux être

Pour le rire que je peux provoquer

Pour le réconfort que je peux offrir

Pour chaque vie que je peux toucher et chaque cœur que je peux ouvrir

Cher univers, cette prière est une symphonie de gratitude

Pour les innombrables bénédictions qui parsèment mon chemin comme des étoiles dans le ciel nocturne

Je suis rempli d'une gratitude infinie et je m'engage à vivre chaque jour en honneur de cette richesse incommensurable. MERCI ».

REMERCIEMENTS

Le premier à m'avoir montré le chemin

Je n'oublierai jamais la venue de l'abbé Pierre à la maison. Oui, il est venu chez nous. Mes parents l'ont hébergé. Il participait à un regroupement qui s'appelait à l'époque, les Jeunes Témoins du Christ dont je ferai partie plus tard. Il était l'invité d'honneur et les organisateurs avaient cherché un hébergement. L'Abbé Pierre avait émis le souhait d'être accueilli dans une famille nombreuse, simple et pauvre. Et ce fut nous, car effectivement, nous avions durant un temps, en emménageant à Orléans, été pris en charge par le quartier et la paroisse où nous vivions. Nous ne roulions vraiment pas sur l'or.

Je me souviens parfaitement de ce soir-là où j'ai mangé à sa droite à table. Je n'oublierai jamais ce que j'ai ressenti, ce qui se dégageait de lui, de son corps : j'avais neuf ans et je baignais dans une immense lumière de douceur et d'amour. C'était palpable. En écrivant ces lignes, j'ai encore ce ressenti en moi. Sa courte présence dans ma vie fait partie de ce que j'appelle, mon premier caillou blanc sur mon chemin de vie. Il m'a en quelque sorte, par sa manière d'être, montré la route du cœur, même si je ne suis pas lui, loin de là. Quoiqu'en disent les détracteurs, c'était vraiment une très très belle personne !

A mes cinq Fées !

Profonde Gratitude.

Je remercie Françoise qui a été la toute première à m'encourager à écrire. Elle a suivi jour après jour la progression de mon travail et n'a eu de cesse d'y croire et de croire en moi.

Je remercie Sylvaine qui m'a accompagnée pas après pas, dans une bienveillance incommensurable, ne ménageant pas son temps, son énergie pour moi afin de rendre mon récit accessible aux lecteurs. Elle m'a tout appris. Par son immense talent artistique, elle a su retranscrire et créer ce que je voulais pour la couverture de mon livre.

Je remercie Monique que le Ciel m'a envoyé à un moment délicat où j'allais baisser les bras pour l'écriture de cet ouvrage. Pour sa patience et ses conseils accompagnés d'une bonne tasse de thé et de gâteaux, qui m'a permis d'achever ce livre.

Je remercie Samantha, la fée du traitement de texte qui a donné forme à mes écrits.

Je remercie Marie-Hélène, ma cinquième fée envoyée à la toute dernière minute afin de faire les ultimes corrections.

A vous re lecteurs-lectrices des tout premiers jours

Camille, Christophe, François, Lisette, Marie-Laure, Monique, Rénato, Sarah.

A mon Ange gardien terrestre , Toi qui partages ma vie.

A mes enfants, Sarah, Ivan et David.

A vous, mes Lumineux, A l'amour incommensurable que vous
me donnez à chaque instant.

A LA VIE ! AU DIVIN !

BIBLIOGRAPHIE

Dans la Lumière de la Vérité - Message du Graal – Tome I, II, III
Abdrushin - Traduction de Lucien Siffrid
Les Éditions de Lumière

Le sentier de la beauté
Aigle Bleu
Éditions Le Dauphin Blanc

Le cristal et la santé : traditions amérindiennes
Aigle Bleu
Éditions Aigle Bleu

Puissance cristalline - Guérir avec les pierres dans la tradition amérindienne
Aigle Bleu
Éditions Le Dauphin Blanc

Approche de la Cité Céleste, commentaires de l'Apocalypse
Omraam Mikhaël Aïvanhov
Éditions Prosveta

Méditations Guidées avec les cristaux
Docteur Jean-Luc Ayoun
Éditions Recto Verseau

Du Corps Humain au Corps Divin
Docteur Jean-Luc Ayoun
Éditions Recto Verseau

La Voie du Sentir (essai)
Luis Ansa – Enseignement réuni par Robert Eymeri
Editions Le Relié

Cessez d'être gentil, soyez vrai
Thomas d'Azembourg
Éditions de l'Homme

La Médecine de l'Âme
Docteur Edward Bach
Éditions Age du Verseau

Votre alimentation selon l'enseignement du Docteur Kousmine
Docteur Alain Bondil - Marion Kaplan
Éditions J'ai lu Bien Etre

Cristal de vie, Connaissance et Energies des cristaux
Ra Bonewitz
Éditions Le souffle d'or

Eglise Romane, Lieu d'énergie - Pour une géobiologie du sacré
Jacques Bonvin - Paul Trilloux
Éditions Dervy

Nouveau dictionnaire des pierres utilisées en Lithothérapie - Pour tout savoir sur les Pierres et leurs énergie subtiles
Reynald Georges Boschiero
Éditions Vivez Soleil

L'énergie des arbres - Le pouvoir énergétique des arbres et leur aide dans notre transformation
Patrice Bouchardon
Éditions le Courrier du Livre

Chartes ou les cathédrales du nombre - Les secrets retrouvés des Maîtres Bâtisseurs
Jean-François Bougard
Éditions Mosaïque

Le pouvoir bénéfique des mains
Barbara Ann Brennan
Éditions Tchou Le corps à vivre

Guérir par la Lumière
Barbara Ann Brennan
Éditions Tchou Le corps à vivre

La Science des Chakras - Voie initiatique du quotidien
Daniel Briez
Éditions de Montagne

La guérison spirituelle par les pierres précieuses
Nadine et Daniel Briez
Éditions de Montagne

La lecture des Pierres
Roger Caillois - Henri-Jean Schubnel - Gian Carlo Parodi
Editions Massimiliano Gioni

Question de L'enfant du possible : Pour une autre éducation
Nathalie Calmé, Henri Laborit, Jean-Marie Pelt, Jacques Salomé, Bernard This
Éditions Albin Michel

Les blessures du silence
Natacha Calestrémé
Éditions Le Livre de Poche

Le Cristal n'est pas de l'aspirine
Virginia Cavalcanti
Éditions Amrita

Couples en difficultés : accepter ses différences
Andrew Christensen - Neil Jacobson
Éditions de Boeck

L'enfant et son jardin se créent
Docteur Olivier Coutris
Édition IFEMA Collections Études

Apprivoisez les conflits : pour une communication sereine et épanouie
Elisabeth Couzon - Françoise Dorn
Éditions Pocket

Voyage d'une Parisienne à Lhassa - A pied et en mendiant de la Chine à l'Inde à travers le Tibet
Alexandra David-Néel
Éditions Pocket

Mystiques et magiciens du Tibet
Alexandra David -Néel
Éditions Pocket

Élixirs minéraux et huiles dynamisées
Michel Dogna – Marie-Joëlle Kraffe
Édition Guy Trédaniel

Messages de l'Eau - Premières photos au monde de cristaux d'eau gelée
Masaru Emoto (Docteur en médecine alternative) - I.H.M.
General Resarch Insitute
Hado Publishing

Au cœur de nos émotions, un enfant intérieur : L'enfant gigogne
Jean-Paul Fluteau
Guy Trédaniel Editeur

Médecin des trois corps
Janine Fontaine
Éditions J'ai Lu

Parents Toxiques
Susan Forward
Éditions Marabout

Ces mères qui ne savent pas aimer - Comment guérir d'une mère mal-aimante ?
Susan Foward
Éditions Marabout

Propriétés énergétiques des pierres et des cristaux
J.M. Garnier
Éditions A.C.V.

Manuel de lithothérapie - ou l'art de se soigner avec les pierres
Michael Gienger
Éditions Véga

430 pierres aux vertus thérapeutiques
Michael Gienger
Guy Trédaniel Editeur

Les Pierres Thérapeutiques - Petite pharmacie familiale
Michael Gienger
Guy Trédaniel Editeur

Les Pierres qui guérissent selon Hildegarde de Bingen - Manuel de lapidothérapie – Nouvelles découvertes sur d'anciennes sagesses
Michael Gienger
Guy Trédaniel Editeur

Le goût de la vie commune
Claude Habib
Éditions Flammarion

La Bible des Cristaux
Judy Hall
Guy Trédaniel Editeur

Genèse du cancer
Docteur Ryke Geerd Hamer
Édité par l'ASAC Association Stop au Cancer – Chambéry France

Le bol chantant - Auto transformation et thérapie par le son
Anneke Huyser
Editions Binkey Kok Publications – Havelte/ Hollande

Guérir les secrets de vos mémoires d'embryon
Docteur Claude Imbert
Éditions Visualisation Holistique

Nutrition Consciente - Les aliments au cœur de votre santé
Marion Kaplan
Éditions Grancher

Les écrits de Lumière, Tomes 1 et 2
Muriel Laporte
Editeur Laporte Muriel Ed

Lumière et Bleu - Bleu et Lumière
Muriel Laporte
Editeur Laporte Muriel Eds

Phases de l'Enfance
Docteur Bernard Lievegoed
Éditions Les Trois Arches

Dialogues avec l'ange
Gitta Mallasz
Éditions Intégrale Aubier

Le Grand dictionnaire des malaises et des maladies
Jacques Martel
Éditions Quintessence

Les Envoyés de la Terre
Mère Aurore
Éditions du C.E.S.N.O.H. (épuisé)

Initiation à la vie divine
Mère Aurore
Éditions du Cesnoh (épuisé)

Les 5 portes - Trouve le chemin de ta spiritualité
Fabrice Midal
Éditions Flammarion / Versilio

Anatomie de l'Esprit
Carolyne Miss
Éditions J'ai Lu

La vie après la vie
Docteur R. Moody
Éditions J'ai Lu

Le Mystère des crânes de cristal
Chris Morton et Ceri Louise Thomas
Éditions Aventure Secrète

Comme un vide en moi - Habiter son présent
Moussa Nabati
Éditions Le Livre de Poche

Kintsukuroi - L'art de guérir les blessures émotionnelles
Tomas Navarro
Éditions Points vivre

Le chemin le moins fréquenté
Scott Peck
Éditions J'ai Lu

Au-delà du chemin le moins fréquenté
Scott Peck
Éditions J'ai Lu

Plus loin sur le chemin le moins fréquenté - Vers la paix intérieure
Scott Peck
Editions Voie Positive

Les gens du mensonge
Scott Peck
Éditions J'ai Lu

La quête des pierres
Scott Peck
Éditions J'ai Lu

Les pouvoirs secrets des pierres et des cristaux
Katrina Raphaell
Éditions Albin Michel

Cristal et santé
John D. Réa
Éditions Ronan Denniel éditeur

Enfance et Spiritualité - A la découverte de votre être intérieur
Marie-Pascale Rémy
Éditions de Montagne

L'enfant intérieur - A la rencontre de son petit prince intérieur
Marie-Pascale Rémy
Éditions de la Sagesse

Jongler à la vie, à la mort
Françoise Rochais
Éditions Milo

Le grand livre de la magie des Pierres
Serge Da Ros
Éditions Trajectoire

Le Dicautre
Louis Rosier
Éditions Mosaïque

Le courage d'être soi
Jacques Salomé
Éditions Pocket

T'es toi quand tu parles
Jacques Salomé
Éditions Albin Michel

Papa, Maman, écoutez- moi vraiment
Jacques Salomé
Éditions Le livre de poche

Guide des minéraux et des roches
Professeur – Docteur Walter Schumann
Éditions Delachaux et Niestlé

Guide des Pierres et Minéraux - Roches, gemmes et météorites
Professeur – Docteur Walter Schumann
Éditions Delachaux et Niestlé

Cristaux et développement personnel
Uma Silbey
Éditions Le souffle d'or

Le livre des Cristaux - Affinités vibratoires et applications thérapeutiques
Liz Simpson
Éditions Le Courrier du Livre

Guide des Mégalithes - Secrets d'Auvergne
Frédéric Surmely
Éditions De Borée

Pierres et Cristaux - Pouvoirs naturels et vertus des Minéraux
Tosca Tetteroo
Éditions du Gange

Le chant du Cristal - Une mélodie d'éveil
Parimal Danielle Tonossi
Éditions Recto Verseau

L'Arbre guérisseur
Marie-Emilia Vannier
Auto-édition

Soigner avec Pureté - Les femmes ont un don pour soigner
Johanne Verdon- Labelle, n.d.
Éditions Fleurs sociale